KB140098

청소년의 분노와 분노처리과정에서의 공격행동에 관한 체험분석

청소년의 분노와 분노처리과정에서의 공격행동에 관한 체험분석

이 규 미 著

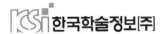
한국학술정보(주)

서 문

박사논문을 출판한 사람들의 반응은 개인마다 크게 차이가 난다는 것을 경험한다. 자신이 드디어 해냈다는 뿌듯함과 대견함으로 이를 널리 알리고 싶어 하고 경우가 있는가 하면 많은 초보 연구자들이 그렇듯이 자신의 연구결과물의 부족함을 느끼고 이를 감추고 싶어 하는 경우도 있다. 나는 후자에 속했다. 박사논문은 누가 봐도 초보 논문이고, 이는 박사가 되는 통과의례일 뿐이라고 스스로 평가절하 하면서 연구과정에서 느꼈던 나의 한계를 보상할만한 후속 연구에 더 많은 관심을 기울이겠다고 이 연구결과를 출판할 엄두조차 못 내었었다.

그러나 지금 생각해 보면 이것은 또 하나의 잘못된 판단이었다. 우선, 박사논문을 위한 연구는 그 어떤 연구보다 심혈을 기울인 결과물이기에 결코 부끄러운 것이 아닐 뿐 아니라 후속 연구가 언제나 이를 뛰어넘을 만큼 우수한 것만도 아닌 듯하다. 내가 이러한 생각을 갖게 되기까지 본 논문과 유사한 주제, 방법에 의한 논문들이 출판되는 과정을 겪었고, 특히 질적 연구방법의 하나인 체험분석에 대한 하나의 예시로 독특성을 갖고 있음도 알게 되었다. 본 논문은 청소년들이 어떻게 분노를 체험하며, 어떤 경우 분노가 공격행동으로 표현되고, 어떤 경우 공격행동 없이 처리되는지에 대해 청소년 연구 참여자들의 체험을 수집하고 이를 분석한 연구결과이다. 그 결과 청소년이 분노를 느끼는 과정에서의 핵심요소와 이를 표현하는 과정에서 인지적인 요소의 중요성에 대해서 발견하고, 확인할 수 있었다.

물론 내 자신이 전보다는 긍정적인 평가를 하게 되었다고 해서 이 논문에 만족하고 있는 것만은 아니다. 여전히 많은 문제와 한계가 눈에 뜨이지만 청소년의 분노감정과 공격행동에 대해, 그리고 상담의 독특한 연구방법의 하나인 체험분석에 대해 관심을 갖고 있는 연구자들에게 자극이 되고 도움이 되기를 바랄 뿐이다.

원본은 질적분석 자료이기 때문에 매우 방대한 양이었으나 많이 요약되었고, 이미 몇 년 전 발표된 논문이기 때문에 오탈자를 교정하는 수준으로 출판준비를 하였다. 따라서 부족한 점이 여러 곳 눈에 뜨이지만 앞에서도 언급했듯이 이러한 부분은 후속연구에서 보완해 나가야 할 것이다. 무엇보다 유사한 주제에 관심을 갖고 연구하는 많은 분들에게 도움이 되었으면 할 뿐이다.

그리고 적절한 때에 출판을 권유하고 이를 가능하게 도움을 주신 한국학술정보(주)의 관계자 여러분께 감사드린다.

저 자 이규미

목 차

표 목차

그림 목차

내용요약

　본 연구는 청소년의 분노와 분노처리과정에서의 공격행동 각각에 포함된 공통요인, 이에 대한 남녀 차, 그리고 청소년의 분노체험과정 등을 체험분석을 통해 알아보고자 하였다. 체험분석은 가설 검증적이라기보다 새로운 사실이나 미세한 발견에 초점을 둔 연구방법으로, 청소년의 분노를 이론의 틀에서 벗어나 보다 사실적으로 살펴보려는 데 의의를 두고 있다. 특히 이 방법은 청소년을 공동연구자로 참여시킴으로써 참여자 자신의 분노체험을 이해하는 데에도 도움을 줄 것으로 기대되었다.

　본 연구에는 남녀 인문계 고등학교 1학년과 2학년생 21명이 체험연구의 공동연구자로 참여하였고, 본 연구자를 포함하여 3명의 심리학과 박사과정생이 체험분석을 지도하였다. 청소년들은 남, 녀 2집단씩 4집단으로 구성되어 주1회 4회기동안 분노체험분석을 하였다. 공동연구자들은 체험분석방법에 대해 배웠고, 자신의 실생활에서의 분노체험을 수집하여 기록해왔다. 그리고 이 분노체험 속에 포함된 요인들을 찾아내서, 모든 분노와 그 처리과정에서 공격행동에 포함된 공통요인을 찾기 위한 토론회기를 가졌다. 최종적으로 집단합의된 요인에 대해서 재검증하는 회기가 주어졌으며 이들의 체험분석결과는 3명의 체험분석지도자가 확인하는 검증과정을 거쳐 재정리되었다. 그리고 끝으로 발견된 요인들과 청소년의 분노체험과정에 대하여 본 연구자가 해석을 덧붙였다. 이러한 과정에 따라 연구결과는 원자료, 요약정리된 자료, 연구자의 해석 순으로 제시되었다.

　본 연구가 다룬 네 가지 구체적인 문제와 그 결과는 다음과 같다.

　첫째, 청소년들의 분노체험에는 어떤 공통요인이 존재하는가? 청소년은 어떤 사건이나 상황에 대해 부당하다고 생각하는 인지적 요소와 억울함, 혹은 자존심 상함과 같은 부정적인 정서가 함께 존재할 때 분노를 느끼는 것으로 나타났다. 여기서의 부당함은 자기기대, 자기기준에서 벗어남을 뜻하며, 청소년 특유의 자기중심적 사고를 반영하고 있다.

둘째, 청소년들의 분노처리과정에서 나타나는 공격행동에는 어떤 공통요인이 존재하는가? 청소년은 분노처리에 앞서 자신의 분노체험에 대해 인지적 재평가 과정을 가지며, 이때 상대가 갖는 관계적 의미, 예상되는 행동의 결과, 그리고 분노폭발충동이 주요변인인 것으로 나타났다. 즉 상대가 만만하거나 관계적 의미가 약할 때, 공격행동이 오히려 득이 될 것으로 판단될 때, 그리고 분노폭발충동을 제어하기 힘들 때 공격행동을 취하는 것으로 나타났다.

셋째, 청소년의 분노체험에는 어떤 심리적 과정이 존재하는가? 청소년은 분노원인이 되는 사건과 그 당시의 상황, 개인차에 의해 부정적인 정서를 경험하게 되고, 이 정서 속에 억울함 혹은 자존심 상함의 감정적 요소가 포함되어 있고 사건이나 상황에 부당하다는 인지적 요소가 포함되어 있을 때 이들 감정적, 인지적 요소가 연합하여 분노가 일어나는 것으로 나타났다. 그 다음 내현적 대처를 하고 인지적 재평가 과정을 거쳐 공격행동을 하거나 비공격 행동으로 분노를 처리하는 과정을 겪게 됨을 알 수 있었다.

넷째, 남녀 청소년의 분노체험에는 어떤 차이가 있는가? 남녀 청소년의 분노체험에서 몇 가지 공통점과 차이점을 발견할 수 있었는데, 남녀 청소년 모두 분노를 느끼게 하는 요소로 부당함을 들었으나 남자 청소년은 분노와 관련된 감정으로 억울함을, 그리고 여자 청소년은 자존심 상함을 들고 있다. 또한 내현적 대처행동에서 남자 청소년은 보다 공격적이었으며, 더 많은 분노폭발충동을 경험하는 것으로 나타났다.

이처럼 본 연구결과는 무엇보다 청소년들의 분노체험과정을 구체화하고 그 과정에 포함된 요소가 무엇인지 설명해냈다는 데 의의를 둘 수 있다. 특히 청소년이 어떤 요인으로 분노를 느끼는지, 그리고 어떤 요인으로 분노를 공격행동으로 나타내게 되는지 밝힌 데 의의를 둔다.

이러한 결과는 청소년이 체험하는 분노를 이해하는 데 도움을 주며, 분노 표현이나 분노조절을 돕고자 할 때 어디에 초점을 두어야하는지 알 수 있게 해준다. 그리고 청소년에 대한 실제적인 연구가 활발히 이루어지지 않고 있는 현실에서 청소년을 공동연구자로 참여시켜 그들의 자기보고를 통해 분노체험의 정체를 밝히고자 했던 시도는 앞으로의 후속연구를 위한 기초 작업이 될 수 있을 것으로 기대된다. 단, 본 연구에는 높은 공격성을 갖고 있는 청소년들이 포함되지 않아서 이러한 특성을 갖고 있는 청소년들에게 결과를 일반화하기 어렵다는 제한점이 있다. 이와 더불어 보다 공격적인 청소년의 분노과정을 평범한 청소년과 비교해 보는 후속연구도 기대가 된다.

I. 서 론

　최근 학교폭력, 집단 따돌림 등 청소년들 사이에서 직접, 또는 간접적인 공격행동이 사회문제화 되고 있다. 이러한 공격행동에는 여러 가지 개인적, 환경적 요인들이 함께 작용하는데, 이 중에서 특히 청소년에 대한 가정과 사회의 통제력 상실이나 가치관의 혼란이 청소년이 보다 적절한 자기통제력을 키우지 못하고 타인에게 피해를 주는 행위에 대해서조차 무감각해 지는 데 일조한 것으로 보인다. 이러한 견해는 타인의 정서와 자신의 정서를 이해하는 것의 중요성에 대한 공감으로 나타나고, 그러한 공감은 한동안 정서지능(EQ)에 대한 폭발적 관심으로 표현되기도 하였다. 그러나 청소년에 대한 사회적 관심이 높아짐에도 불구하고 여전히 청소년은 다루기 힘들고 이해할 수 없는 집단으로 여겨지고 있다.

　청소년기의 주요 심리적 특징 중의 하나가 정서적 격렬함 또는 동요와 관련된 것이라면 이러한 공격행동 역시 정서표현의 하나이며, 정서조절의 문제일 수 있다는 가정을 낳게 한다. 많은 심리학자들은 이러한 행동의 원인 중에서 주로 개인적 요인에 관심을 기울이는데, 특히 분노를 포함하는 부정적 정서를 통제하지 못하는 데서 오는 결과로 보는 경향이다. 즉 비행에 반드시 분노가 수반되는 것은 아니지만 분노가 공격행동 및 비행의 주요 유발인자라고 보고(Feindler, 1989), 비행 청소년의 적응문제 기저에는 통제되지 않은 분노가 있다고 본다(Larson, 1992). 최근 우리나라의 각 상담기관에서도 분노조절 프로그램이 활발하게 전개되고 있으며, 분노 혹은 공격성을 표적으로 하는 프로그램개발 및 효과에 대한 연구가 국내 상담심리학자들의 관심사가 되고 있다(강신덕, 1997; 고영인, 1994; 김계현, 1993).

　이렇듯 청소년의 분노조절에 대한 관심은 높지만 청소년의 정서에 대한 연구는 아동이나 성인에 비해 소홀히 다루어져 왔다. 즉 분노에 대해 체계화된 심리적 과정모형을 제시한 Berkowitz(1990)이나 Lazarus(1991) 등도 정서 그 자체에 대한 정보를 줄 뿐 청소년의 분노에 대한 구체적인 궁금증을 해결해 주 지는 못한다. 특히 우리나라 청소년의 폭력이나 비행실태에 대한 자료는 쉽게 접할 수 있어도 청소년의 분노나 공격행동에 대한 심리학적인 기초연구는 찾 아보기 힘들다. 청소년의 분노조절에 대한 연구도 중요하지만 이러한 프로그 램의 효과를 높이고 청소년을 보다 깊이 이해하기 위해서는 청소년의 분노가 갖는 특성이나 의미에 대한 연구가 보다 더 심층적으로 이루어져야 할 것이다.

우리나라 청소년의 분노와 공격성에 대한 최근 연구는 김청자(1993), 그 리고 권혜진(1995) 등의 연구가 있다. 김청자의 연구는 공격심 즉 공격행동 이전의 공격성향 또는 공격에 대한 의도나 욕망을 중심으로, 청소년들이 어 떤 자극상황에 대해 공격심을 느끼는지 또 어떤 자극에 대해 더욱 민감하 게 지각하고 판단하는지를 다루었다. 이 연구에서는 공격성의 고저에 대한 개인차와 남녀 간의 성차를 주요 변인으로 보았기 때문에 공격성에 대한 개인차, 남녀 간의 자극과 판단에 대한 차이를 이해하는 데 도움을 준다. 그러나 여러 가지 자극에 대한 청소년들의 '태도'를 이해하는 데는 도움을 주지만 청소년의 공격심이 정서적으로 또는 공격행동과 관련하여 어떤 의 미를 갖는지에 대한 구체적인 해답은 얻을 수 없었다. 공격심은 분노와 밀 접한 관련이 있는 것으로 보이지만, 그것이 실제 공격행동을 예언해 주지는 못하기 때문이다. 즉 분노가 반드시 공격행동을 예측하게 하는 요인도 아니 고, 공격행동이 반드시 분노에 의한 것도 아니기 때문이다(Averill, 1983; Buss, 1971; Kaufmann, 1965; Scott, 1958).

본 연구의 관심주제라고 볼 수 있는 '분노체험과정에서, 청소년들은 어떻 게 느끼고, 생각하고, 의미를 부여하며 어떻게 행동을 취하는가'에 대해 비 교적 근접한 것으로는 권혜진(1995)의 연구를 들 수 있다. 권혜진의 연구는 여성이라는 입장 때문에 억압되기 쉬운 청소녀의 분노현상에 관심의 초점을 두었다. 권혜진은 근거이론적 접근방법을 사용하여 보다 사실적인 발견을 시도하였고 청소녀의 분노현상을 이해하는 데 유용한 자료를 제시해 주고 있다. 그러나 단지 현상에 대한 발견이 강조되어 청소녀의 분노와 공격성을 심층적으로 이해하고 접근할 수 있는 요인에 대한 설명력은 약한 것으로 보인다. 또한 연구대상을 여자 청소년으로 한정시킨 점도 연구결과를 전체 청소년에게 일반화하는 데 제한점이 되고 있다.

본 연구에서는 남녀 청소년 모두를 대상으로 이들의 분노와 분노처리과정에서 나타나는 공격행동에 포함된 심리적 요인을 찾아보는 데 관심을 둔다. 특히 이 두 가지를 이해하는 데 핵심이 되는 공통요인을 찾아내고자 하는 것이 연구의 목적이다. 그리고 이러한 목적을 위해 청소년의 심층심리에 보다 근접하는 시도를 해보고자 하는 데 까다롭게만 여겨지는 청소년에 대한 이해야말로 기존의 관점에서 벗어나 발견적 패러다임에서 연구되어야 할 영역이라고 본다. 청소년에 대한 많은 오해는 또 다른 오해를 낳을 수도 있고, 청소년에 대한 기존의 설명을 증명해 보이려는 많은 시도는, 청소년을 바라보는 고정된 틀에서 벗어나지 못하는 경직성을 가져올 수도 있다. 즉 다양한 변화를 겪고 있는 오늘의 청소년은 기존의 이론으로만 설명할 수 없음에도 불구하고 우리는 이론의 적합성만을 검증하려고 애쓰고 있는 것인지도 모른다.

본 연구는 청소년에 대한 가설적 검증연구라기보다는 탐색 혹은 발견에 관심을 둔 연구이다. 즉 청소년의 분노와 그 처리과정에서의 공격행동에서 관찰할 수 있는 것이 무엇인지 체험분석방법을 적용해 알아보고자 한다. 청소년의 분노체험에 초점을 맞추어 그 속에 공통적으로 포함되는 요인을 찾아보고 어떤 경우 분노처리과정에서 공격행동으로 이행되는지, 그 공격행동에 포함된 요인이 무엇인지 살펴보고자 한다. 이를 위해 이러한 특정 요인에 능동적으로 집중하기보다는 체험 그 자체를 중심으로 분석을 할 것이다.

체험분석방법이란, 연구대상이 직접 공동연구자로 참여하여 자신의 실제 체험을 수집하고 분석하여 그 체험 속에 포함된 요인을 발견해내는 방법이라고 할 수 있다. 공동연구자는 자신의 내면세계를 연구하는 과정에 능동적으로 참여하여 보다 사실적인 정보를 다루기 때문에 특히 정서나 심리적 과정과 같이 관찰이 어려운 영역을 연구하는 데 유용한 방법으로 알려져 왔다(박성희, 1997; Barrell, Anastoos, Richard & Aron, 1987; Barrell, Medeirros & Price, 1985; Heron, 1981). 이 방법은 본 연구의 주제인 청소년의 분노와 분노처리 과정에서의 공격행동에 포함된 공통요인을 발견하고 청소년의 분노과정을 이해하는 데 적합할 것으로 보인다.

즉 본 연구에서는 남녀 청소년 집단을 구성하여 이들을 공동연구자로 체험분석과정을 갖되, "누구에겐가 화가 난다는 것을 체험하는 것은 어떤 것인가?" 그리고 "화가 난 후엔 무엇을 체험하는가?"라는 질문을 제기하여 체험분석을 진행해 갈 것이다. 체험분석결과 청소년의 분노체험과 공격행동에 포함된 공통요인을 밝히고 청소년의 분노과정을 제시하며, 분노체험에 남녀차가 존재하는지, 차이가 있다면 그것이 무엇인지에 관한 결론에 도달할 것으로 기대된다. 이러한 연구결과는 청소년의 분노를 이해하고 접근하는 많은 분야에 도움이 될 것으로 기대된다. 특히 상담장면에서 청소년의 분노를 다루는 데 있어서 적절한 개입시기와 개입방법을 결정하고, 분노와 관련된 청소년의 자기조절방법을 개발하는 데에도 기초자료로 활용될 수 있을 것이다. 특히 앞서 언급한 청소년을 대상으로 한 분노조절 프로그램을 개선 발전시켜나가는데도 기여하게 될 것이다.

본 연구의 연구문제는 다음과 같다.
1. 청소년들의 분노체험에는 어떤 공통요인이 존재하는가?
2. 청소년들의 분노처리과정에서 나타나는 공격행동에는 어떤 공통요인이 존재하는가?
3. 청소년의 분노체험에는 어떤 심리적 과정이 존재하는가?
4. 남녀 청소년의 분노체험에는 어떤 차이가 있는가?

II. 분노와 공격행동

A. 분 노

Rothenberg(1971)은 분노를 일종의 의사소통방식으로, Novaco(1979)는 정서적 스트레스 반응으로, 그리고 Alschuler와 Alschuler(1984)는 상처받은 것에 대한 일시적인 내적 상태로 보았으며, Sharkin(1988)은 이러한 정의들을 포괄하는 다차원적 정의를 내리고 있다. 그는, 분노는 다양한 정도의 생리적, 정의적, 인지적, 운동적, 그리고 언어적 요소 간의 상호작용을 포함하는 내적 상태라고 정의하면서, 신체적으로는 혈압상승과 심장박동증가를, 정의적으로는 미미한 짜증에서 극단의 격노까지를, 그리고 인지적으로는 분노대상에 대한 생각이나 사고를 경험하게 된다고 하였다. 그런가하면 Frijda(1986)도 분노를 행동경향성과 관련된 정서라고 설명한 바 있는데, 대부분 분노를 공격성과 관련된 정서로 보는 경향이다.

이렇듯 분노에 대한 접근이나 견해는 다양하다. 여기서는 이러한 분노의 특성을 다차원적으로 이해하기 위해 정서로서의 분노, 분노의 신경생리적 기제, 그리고 분노의 적응적 측면 등 세 가지 측면에서 살펴보고자 한다.

1. 정서로서의 분노

인간의 정서에 대한 분류는 학자들에 따라 다르지만, 대부분의 학자들 사이에서 분노는 인간이 나타내는 기본적인 정서의 하나로 분류된다(Izard, 1977; Plutchik, 1980; Watson, 1930). 또한 Keith와 Elaine(1994)이 구조화된 일지를 통해 조사한 연구에 의하면 여러 가지 정서 중에서도 분노가 각 개인이 일상생활에서 가장 빈번하게 경험하는 정서라는 것이다.

분노라는 정서 내에 포함되어 있는 정서범주는 매우 다양한 것으로 설명되고 있다. 예를 들어, Shaver와 그의 동료들(1988)은 대학생들을 대상으로 213개의 정서를 나타내는 용어에 대한 군집분석을 실시한 결과, 기본적인 정서범주를 사랑, 기쁨, 놀라움, 분노, 슬픔, 그리고 공포로 정의하고, 다시 학생들로 하여금 정서경험에 대해 설명하게 해서 이런 설명을 코딩하여 기본적인 정서범주를 결정하였다. 그 결과, 분노에는 화, 분노, 격노, 짜증, 혐오, 경멸, 원한, 성남, 질투, 그리고 좌절 등의 많은 정서표현이 포함됨을 발견하였다. 그러나 혐오감을 또 다른 범주로 보는 학자들도 있다(Ekman, Friesen, & Ellsworth, 1982).

Berkowitz(1990)도 짜증, 곤혹감, 그리고 분노에 대한 피험자들의 자기보고가 매우 높게 상관되었다고 보고하고, 이들은 같은 범주의 느낌들이며, 분노라는 용어 속에 포함시킬 수 있다고 결론지었다. 즉 분노는 짜증이나 약한 좌절감에서부터 격노, 원한에 이르기까지 다양한 정서상태에 대해 쓰여지는 포괄적인 개념인 것이다. 그리고 우리나라에서도 화, 분노, 성, 역정, 격분, 진노, 그리고 분개 등의 많은 어휘들이 분노와 관련된 어휘로 사용되고 있다.

분노와 혼용되는 개념으로는 공격성과 적대감이 있다. Izard(1977)는 공격성과 적대감을 가져오는 지배적인 정서가 분노라고 보고 적대감이 동기를 유발하는 조건이라면 공격성은 적대감이나 다른 정서에 의해 유발되는 신체적인 행동이라고 구분하고 있다. Spielberger(1983) 역시 이 세 가지 개념 중 가장 근본적인 개념이 분노라고 보고, 분노는 상황적, 일시적인 데 반해 적개심은 지속적인 특성이 있다고 보았다. 분노와 적개심이 정서와 태도라면, 공격성은 사람이나 대상을 향한 행동(Alschuler & Alschuler, 1984)으로, 그리고 의도가 포함된 해를 가하는 행동이라는 점에서 정서로서의 분노와 다르다(Baron, 1977).

Averill(1982)은 정서를 갈등적 정서, 충동적 정서(선호와 혐오), 그리고 자아붕괴를 포함하는 초월적 정서로 구분하였는데, 분노는 생물학적으로 공격체계, 사회생활, 상징화, 그리고 자기인식과 관련된 갈등적 정서의 하나로 보았다. 그것은 심리학적으로는 평가된 잘못의 수정을 목적으로 하고, 그리고 사회문화적으로는 수용되는 품행의 표준을 목적으로 한다는 점에서 갈등적이라는 것이다. Averill은 인간은 생물학적으로 규칙을 만들고 그것을 따르는 경향을 갖고 있는데, 그 규칙이 깨졌을 때 생물학적으로 화가 나고 혼란스러움을 경험한다고 보았다. 분노는 심리적으로는 평가된 잘못과 관련되고, 사회문화적으로는 수용된 품행의 지지와 관련되어, 그 표현, 과정, 그리고 결과 등에 영향을 미친다.

분노의 원인은 연령에 따라 차이가 있다. 영아는 배가 고플 때, 그리고 운동이 억제를 당할 때 분노를 느끼지만 점차 나이가 들어가면서 심리적이고 인격적이며 사회적인 이유로 분노를 느끼게 된다. Izard(1977)은 분노유발원인을 세 가지로 정리하고 있는데, 첫째, 자신이 바라던 것을 심리적으로 또는 육체적으로 제지당했을 때, 둘째, 자신 또는 자신에게 중요하다고 생각하는 것에 대해서 평가 절하하는 공격을 당했을 때, 그리고 셋째, 만성적으로 해결되지 않는 강하고 지속적인 스트레스를 경험하게 되었을 때 등이다. 이외에 소음과 같은 물리적 자극이나 불유쾌한 상황도 분노유발자극이 될 수 있다(Stearns, 1972; Berkowitz, 1989, 1990).

Averill(1983)은 정당성에 대한 위반(부당함)이 분노의 원인이며 그런 점에서 분노는 고발적 성격을 띤다고 주장한다. 다시 말해서, 분노는 어떤 지각된 잘못에 대한 반응으로 가치판단적인 것이며, 비난에 대한 귀인을 어디에 하느냐에 달린 문제라는 것이다. 즉 분노대상의 잘못으로 귀인된 경우 그에 대한 분노를 느끼게 된다. 그 귀인은 항상 옳거나 개인적 편견으로부터 자유로운 것은 아니며, 지금까지의 이론에서 강조하는 가치중립적인 요인들, 즉 좌절, 각성, 그리고 자극반응연합에 의해 영향을 받을 수도 있다고 한다. 결국 이런 요인들 중 무엇에 강조를 두느냐에 따른 이론적 쟁점이 있을 뿐이라는 것이다. 또한, 그가 행한 피험자들의 자기보고에 의하면, 분노는 대인 간의 정서로 그것이 일어나는 사회적 맥락과 관계가 깊다. 즉 분노를 느끼는 맥락은 상호간에 정서적으로 밀접한 관계이므로 낯선 사람이나 싫어하는 사람보다 오히려 연인이나 친구처럼 잘 아는 사람 간에 분노를 더 많이 경험한다는 것이다. 그 이유는 가까운 사람들과 더 긴밀한 접촉을 갖고 서로의 행동에 의해 더 쉽게 상처를 받기 때문으로 설명하고 있다.

분노는 누구나 빈번하게 경험하는 정서이지만 분노경향성에는 개인차가 있어서 어떤 사람은 분노를 더 자주, 더 크게 느끼는 경향이 있다. Spielberger 등(1983)은 분노를 특성분노와 상태분노로 구분해서 설명하고 있는데, 상태분노가 자율신경계의 활성화 혹은 흥분을 수반하는 일시적인 정서상태라면, 특성분노는 얼마나 자주 분노를 일으키는가 하는 개인의 분노경향성을 의미한다. 특성분노가 높은 사람은 보다 많은 상황을 분노유발상황으로 지각하여, 높은 분노상태로 반응하는 경향이 있다. Lazarus(1991)도 정서상태와 정서특질을 구분하고, 이러한 구분에 의해 분노를 설명하였다. 정서특질은 어떤 것에 반응하는 성향이나 경향이다. 예를 들면, 어떤 사람을 "화내는 사람"이라고 지칭함은 정서적 경험을 기술하는 것이 아니고, 어떤 상황에서 보통보다 더 자주 화를 낸다는 것을 의미한다. 정서상태는 어떤 환경 하에서의 일시적인 반응으로 특정조건에 의해 영향을 받는 것이다. 특질은 상태를 산출하는 데 영향을 주고, 상태는 특질을 활성화시키는 데 영향을 준다. 즉 정서적 상태는 불안정적이며 특정장면에서만 생기는 데 반해, 정서적 특질은 안정적이고 맥락에 따라 일관되게 발생을 한다. 정서적 특질은 한 개인이 성격적 특성을 갖고 있음을 의미한다.

2. 분노의 신경생리적 기제

신경·생리 심리학에서는 인간의 모든 정신작용이 뇌를 포함한 신경계통이 주관하는 배후기제에 의한 것이라고 주장한다. 그리고 이 분야에서 가장 많이 연구된 정서 분야가 바로 분노와 공격성이다. 그러나 분노를 정의하고 양적으로 측정하는 것이 어렵기 때문에 주로 분노는 행동측정이 어느 정도 가능한 공격적 행동을 통하여 연구되어져 왔다.

Carson(1991)은 변연계의 한 구성요소인 편도체가 분노를 야기시키는 상황에 대한 행동적 반응과 자율신경계, 호르몬 반응을 조직화하는 데 중추적인 역할을 한다고 하였다. 변연계는 후각체계, 측두엽의 연합피질, 전두피질 그리고 변연계의 다른 영역들로부터 정보를 받아들이고 이 정보를 다시 전두피질, 시상하부, 해마, 중뇌 및 뇌간 등으로 전달한다. 편도체를 자극하면 분노와 관련된 공격적 행동이 유발되는 반면 이 부위가 손상을 입게 되면 이러한 행동이 와해되는 것을 관찰할 수 있다.

이 정보를 시상하부와 중뇌에 위치하는 구조들, 특히 복측피개야(ventral tegmental area: VTA)로 보내어 공격행동을 조직화한다. VTA가 편도체로부터 정보를 받으면 공격행동에 필요한 근육운동을 조절하게 된다. VTA에 손상을 입은 쥐가 적극적 공격행동을 보이지 않는 것으로 미루어 편도체-VTA가 공격행동에 중요한 역할을 하는 것으로 여겨진다(Adams, 1986).

편도체로부터 정보가 시상하부에 전달되면 시상하부는 뇌하수체를 자극하여 호르몬의 분비를 촉진시키는데 공격행동과 테스토스테론 수준 사이에 유의미한 상관이 있다는 것이 여러 연구들에 의하여 보고되었다. 남성의 경우 사춘기에 이르면 테스토스테론의 분비가 급증하고 이에 따라 공격행동도 증가하는 것으로 알려져 있다.

Laschet(1973)는 강간으로 인하여 수감된 사람들에게 거세를 실시한 결과 공격적 행동이 감소함을 보고하였다. 또한 Debbs(1987)는 교도소 수감자들의 테스토스테론 분비수준을 측정한 결과 테스토스테론 수준과 폭력행동 사이에 유의미한 상관이 있음을 관찰하였다. 또한 성폭력으로 수감된 사람들에게 항 안드로겐을 투여한 결과 공격적 충동과 행동이 감소되고 공격과 관련된 환상도 감소되는 것을 관찰한 보고도 있다(Bain, 1987). 한편 선천적으로 Y 염색체를 많이 갖고 태어난 남자(XYY)들의 경우 정상적인 염색체(XY)를 갖고 있는 사람들에 비하여 테스토스테론 분비수준이 높고 이에따라 더 많은 공격행동을 보인다는 연구결과도 있다(Rubin, 1982).

교도소 수감자들이나 염색체 이상을 갖고 있는 사람들을 대상으로 한 연구들에 비해 정상인들을 대상으로 한 연구들에서는 테스토스테론의 수준과 공격행동 사이에 높은 상관을 보고한 경우가 드물다. 다만 몇 연구들만이 의미 있는 상관이 있음을 보고하였다. 예를 들면, Olweus 등(1988) 그리고 Susman 등(1987)의 연구에서는 적대적 행동과 공격성이 높은 젊은 성인들에서 높은 테스토스테론 수준을 관찰하였다고 보고한 바 있다.

3. 분노의 적응적 측면

분노는 흔히 부정적인 정서로 분류되지만, 인간이 느끼는 정상적인 정서 반응의 하나로 사람들은 가끔 분노에 대해 좋은 느낌을 보고한다(Lazarus, 1991). 예를 들어, 극심한 우울증의 경우 직접적인 분노를 적절하게 밖으로 표출하면 증상이 호전될 가능성이 높아진다는 것이다. 또한 분노는 일종의 의사소통방식(Rothenberg, 1971)이고, 정서적 스트레스 반응(Novaco, 1979)이며, 그리고 상처받는 것에 대한 반응(Alschuler & Alschuler, 1984)이기도 하다. 이러한 견해들은 모두가 분노가 적응적인 필요에 의해 경험하게 되는 정서임을 함축하고 있다.

Frijda(1986)는 분노 속에도 긍정적인 요소 즉, 희망이 함축되어 있다고 주장한다. 흔히 분노는 어떤 방해요인에 의해 일어나지만, 목표가 그 방해요인 뒤에 여전히 존재하므로, 분노는 통제될 수도 있고 수정될 수도 있음을 함축한다. 또한 분노가 상실과 관련이 있을 때에도, 분노는 그 상실된 대상이 여전히 존재하고 그 비참한 상황이 여전히 개선될 수 있다는 생각을 유지시키는 데 도움을 준다는 것이다. 즉 분노는 불행한 상황에 직면하는 것을 도와주는 정서이기도 하다.

분노를 의사소통방식으로 설명한 Rothenberg(1971)도 분노의 긍정적 잠재력에 대한 예를 역설한 바 있는데, 즉 분노는 많은 경우 공격성이나 파괴가 아닌 불안에 대한 대안이거나 방어로 하나의 자기표현이며, 변형된 의사소통방식이라는 것이다. 그런 면에서 사랑의 감정과도 관련이 있다고 덧붙였다. Averill(1983)은 아동은 화를 내면 부모나 교사로부터 벌을 받고, 너무 쉽게 화를 내는 어른은 유아적이라는 평을 듣기도 한다는 예를 들면서, 분노가 주관적 경험이나 사회적 평가, 모두에서 부정적 정서임에도 불구하고, 사람들이 거의 매일 또는 매주 몇 번씩 화를 내는 것은 분노에 적응적 기능이 있기 때문이라고 설명한다. 그리고 그것을 적응적으로 받아들이게 된 배경에 대해 진화론자들은 인류의 생물학적인 역사 때문으로 설명하고 있고 구조주의자들은 그 결과에 대한 강화 때문으로 설명하고 있다는 것이다. 이처럼 분노는 적응적인 면이 있는 정서이기도 하다.

그러나 분노에 대한 일반적인 견해가 부정적이기 때문에, 사람들은 분노를 느낄 때 분노를 표현하고 싶은 욕구를 느끼기도 하지만, 한편으로는 분노를 수치스러워 한다. 그래서 분노를 억제하거나 회피하려고 하고 아니면 분노를 폭발시켜 심리적 해방과 함께 주의 끌기를 시도한다. 그러나 적절한 분노표현의 실패는 여러 가지 심리적 장애나 신체화 증세를 가져오고 과도한 분노표현은 다른 사람의 권리를 침해하는 결과가 되기도 한다. 예를 들어서 분노해결의 실패는 불안, 우울, 또는 신경증과 같은 또 다른 심리적 문제의 원인이 되고, 고혈압(예, Crane, 1981), 관상동맥질환(예, Spielberger & London, 1982),

심장병(예, Frijda, 1986), 암(예, Greer & Morris, 1975)과 같은 질병의 원인이 되는가 하면, 밖으로 행동화할 경우 간혹은 대인관계 또는 사회적으로 해로운 결과를 가져오기도 한다.

B. 분노의 심리적 과정과 인지

정서에 관한 최초의 현대적 이론을 공식화한 James(1892)와 비슷한 시기에 같은 결론을 제시한 Lange는 정서를 일으키는 자극에 의해 신체반응이 일어나고 뇌가 이에 대한 정보를 받아서 정서경험을 일으킨다고 보았다. 즉 자극은 우리 신체에 생리적 변화를 일으키고, 이러한 신체적 변화의 결과 정서를 경험하게 된다는 것이다. 그런가 하면 Cannon(1927)와 Bard(1934)는 신체변화와 정서경험은 동시에 일어나며 정서경험이 일어나기 위해 신체변화가 필수적인 것은 아니라고 보았다.

이후 Schachter(1962)는 정서경험은 자율신경계에 의한 신체적 각성에 의해서만 일어나는 것이 아니고 사람들이 각성을 어떻게 해석하느냐에 달려 있다는 인지이론을 제안했다. 그에 의하면, 신체변화는 정서경험에 필요조건이지만 충분조건은 아니며, 어떤 정서로 경험하느냐는 상황을 어떻게 해석하느냐 하는 인지적 요인에 의해 좌우된다는 것이다. 그러나 Izard(1971)는 인지과정 없이도 정서는 일어날 수 있으며 얼굴표정이나 신체자세에 관한 정보가 대뇌에 전달되어 그에 알맞은 정서를 경험하게 된다고 주장하였다. 이러한 견해는 신체생리적 경험이 대뇌에 전달되어 정서를 결정한다는 James-Lange 이론과 비슷하지만 얼굴표정과 자세에 초점을 둔 것이 큰 특징이다.

Bower(1981)는 정서에 대한 경험, 자동화된 반응형태, 정서의 언어적 명칭, 그리고 정서유발사건이 서로 연합하여 어떤 정서를 경험하게 된다는 연합망

조직이론(associative network theory)을 제안하였는데, Berkowitz(1989,1990)
는 James-Lange이론과 Bower이론에 기초하여, 부정적 정서와 느낌, 기억, 그
리고 공격적 경향들 간에 연합적 연결을 주장하는 분노형성 혹은 공격에 대한
인지적 신연합모델(Cognitive-Neoassociationistic Model of Anger Formation)
을 제시하였다. 이 모델에서 강조하는 것은 어떤 종류의 부정적 정서가 최초
로 분노와 관련된 느낌, 행동경향, 사고, 기억을 활성화시킨다는 것이다. 그리
고 이러한 부정적 정서를 일으키는 요인에 대해서 특별히 언급하기보다는 불
쾌한 날씨나 좌절, 부정적 평가, 그리고 비도덕적 장면에의 목격 등 불쾌한 상
황들에의 대면이라고 설명하고 있다. 최초의 부정적 정서는 단순히 역겨운 냄
새, 높은 기온, 고통스럽게 찬물에의 노출, 꺼려지는 장면들, 그리고 슬픔을 자
주 일으키는 상황이나 조건들에 의해서도 유발된다. Berkowitz(1989, 1990)는
Dollard 등(Dollard, Doob, Miller, Mowrer &, Sears, 1939)의 좌절 – 공격 가설
을 부정하며 좌절은 공격의 필수조건이 아니고 이러한 불유쾌한 상황과 신체
적 자극만으로도 분노와 공격성이 유발될 수 있다고 주장한다.

　　이 부정적인 정서는 분노와 관련된 느낌, 사고, 기억 그리고 그 개인의
공격성향과 연합망을 형성하는데, 자동적으로 불유쾌한 자극으로부터의 회
피와 연합된 신체변화, 느낌, 사고, 기억, 그리고 공격과 연합된 신체변화,
느낌, 사고, 기억의 최소한 두 가지 반응을 일으키게 된다. 이 두 가지 반응
군의 상대적 강도는 학습이나 상황에 따라 결정되는데 공격과 연합된 느낌,
사고, 기억 그리고 운동반응은 초보적인 단계의 분노를 생성하게 된다. 이
때는 매우 단순한 평가(사고)가 작용할 뿐으로, 이 모델에서는 여기까지의
반응을 기본적이고 일차적인 것으로 보았으며 비교적 복잡하고 정서적인
경험은 일차적인 반응 이후의 고차 인지과정에 의해 발달한다는 것이다. 즉
이후 다른 고차 인지과정을 통해 어떤 일이 일어났는지 생각하게 되고 그
것의 가능한 결과를 사고로 작동시키기 시작하는 것이다. 이 부가적 사고는
식별, 강화, 억압, 초기경험의 정교화를 이끈다. 즉 이러한 인지적 과정을 통

28

해 애초의 부정적 정서는 분노를 대신하여 불안, 경쟁, 질투, 죄책감, 그리고 우울까지 비교적 복잡한 정서경험으로 대치될 수도 있다. 또한 이 고차 인지과정은 어떤 행동을 할 것인지를 조정하는 기능을 하기도 한다. 적개심과 공격을 직접 표현하기도 하지만, 고차 인지과정을 통해 비공격적 방법을 택하기도 한다. 간혹 고통에 찬 수행결과나 단순히 불유쾌한 경험으로 성격이 향상되는 개인도 있는데, 이때 성격을 향상시킨 것은 고통이 아니고 사고라고 그는 역설한다. 그러나 이러한 고차 인지과정이 필연적으로 항상 작동하는 것은 아니다. 이러한 인지활동이 부재된 상태에선 부정적 기분에 의해 만들어진 공격적 경향이 덜 억제되고 거칠게 표현되는 경향이다.

Lazarus(1991)도 분노유발에서 평가(appraisal)와 대처(coping)라는 인지적 중재요인이 결과에 크게 영향을 미치게 됨을 강조하는 이론을 전개한 바 있다. 그는 분노를 포함하는 정서의 발생과 전개과정을 예기(anticipation), 유발(provocation), 전개(unfolding), 결과(outcome)의 단계로 설명하고 있다. 즉 예기단계가 반드시 있는 것은 아니지만 정서가 올라오거나 거의 긴박해 있다는 신호를 체험하게 하며, 다가올 해와 득에 대한 경고기능을 포함한다. 유발단계는 환경 혹은 개인 내에서 일어나는 것으로, 사람-환경 간의 관계가 현재의 해로운 관계를 바꿀 수 없는 상황이거나 현재의 좋은 관계를 위협하는 상황, 또는 미래의 바람직하거나 바람직하지 않은 관계임을 예측하는 것이다. 즉 사람-환경 간의 관계에서 좋거나 나쁜 변화가 부호화되기 전 까지는 외적인 혹은 내적인 사건 그 자체만으로는 정서가 유발되지 않는다. 여기에 영향을 주는 요인 중에는 정서체험에 대한 기억이 포함되어 있다. 전개는 정서적인 접촉으로, 사람-환경 간의 관계에서 어떤 변화가 일어나느냐에 따라 생기는 복잡하고 빠르게 지나가는 수많은 인지적-동기적-정서적인 과정 및 대처과정으로 특징지워지는 과정이다. 그 다음 정서적인 접촉의 결과로 정서상태를 초래하며 정서적 결과는 목표, 기대가 실현되었는지 여부에 따라 결정된다.

그리고 그에 의하면 정서적 접촉과정에서 사람들은 생각할 수 있는 것과 행할 수 있는 것에 대한 평가와 함께 이 정서를 다루기 위한 대처방법을 생각해 내고자 한다는 것이다. 그래서 평가와 대처는 정서반응에 영향을 주게 된다. 즉 그는 정서과정에서의 평가와 대처라는 중재변인의 중요성을 강조했는데 예를 들어 대처과정은 공격에 대한 충동을 더 확장시킬 수도, 제어할 수도 있다는 것이다. 전자는 행동경향성이 양립할 수 있을 때 일어나고, 후자는 사회적 금기나 개인적으로 획득한 금기에 의한 행동경향성과 갈등을 일으킬 때 일어난다는 것이다.

그에 의하면 두 가지 방식의 대처가 정서과정에 영향을 미친다는 것이다. 즉 첫 번째는 문제중심적 대처(problem-focused coping)로, 실제관계를 변경시키는 행동중심적 방식이다. 예를 들어 이웃의 나뭇잎이 내 마당에 떨어지는 게 스트레스였다면, 이웃에게 나무를 자르거나 뽑아달라고 설득하는 방식과 같이 스트레스의 원천을 해결해 가는 방식이라고 할 수 있다. 두 번째 방식은 정서중심적, 혹은 인지 대처전략(emotion-focused or cognitive coping)으로, 실제관계는 변화시키지 않지만 내적인 재구조화를 통해 그 의미를 변화시키고 그러므로 해서 정서적 반응을 변화시키는 것이다. 즉 사람과 환경 간의 실제관계는 변화시키지 않지만 그 의미를 변화시키고 그럼으로 해서 정서적 반응을 변화시키는 것이다. 이 두 가지 정서에 대한 대처방식은 뚜렷하게 구분이 되는 것은 아니고 서로 겹치는 경우가 많은데, 평가는 대처전략에 영향을 주고, 대처는 평가를 변화시킨다.

분노를 체험하는 데 있어서 인지적 요인이 필수적이냐 하는 논란이 있으나 Berkowitz나 Lazarus가 강조했듯이 인지는 분노유발과 처리과정에서 중요한 역할을 할 것으로 보인다. 이러한 전제하에 최근 실시되는 분노조절 프로그램에서는 이렇게 인지적 요인을 강조하는 흐름에 따라 자기통제훈련, 자기학습훈련, 스트레스 면역훈련 등 인지적 중재에 초점을 둔 기법들이 많이 사용되고 있다(강신덕, 1977). 본 연구에서는 이러한 인지적 요인이 분노유발이나 분노대처에 중요한 요인으로 작용하는지, 즉 Lazarus의 대처전략 중 주로 정서중심적 혹은 인지중심적 대처를 하는지 혹은 문제중심의 대처를 하는지 살펴보게 될 것이다. 또한 분노조절을 돕기 위해 인지적 접근을 할 때 어디에 초점을 두어야 하는지도 발견하게 될 것이다. 특히 심리적, 인격적, 사회적 원인이 청소년기 분노와 관련이 있다면 청소년들이 분노를 평가하고 대처하는 데는 인지적 과정이 중요한 역할을 할 것으로 보이며, 그 내용을 탐색하는 것도 의미 있는 작업으로 보인다. 또한 본 연구방법인 체험분석 자체가 인지적인 작업으로 공동연구자의 인지과정에 영향을 미칠 것으로 기대되는데 이러한 효과에 대한 검증이 부가적으로 이루어질 것이다.

C. 분노와 공격성

1. 공격성의 정의

공격성은 각 이론마다, 각 접근마다 개념을 달리하면서, 하나의 동기상태로, 성격적 특성으로, 좌절에 대한 반응으로, 생래적인 욕구로, 혹은 사회적으로 학습된 행동방식으로 다양하게 설명되고 있다(Harré & Lamb, 1983).

Baron(1977)은 공격성의 정의에 포함되어야 할 5가지 특징으로 첫째, 해를 가하는 행동이라는 점에서 정서로서의 분노와 다르고, 둘째, 타인을 해롭게 하는 의도가 포함된다는 점, 셋째, 해로움이나 상처를 수반한다는 점, 넷째, 피해대상이 살아 있는 존재라는 점, 다섯째, 피해대상으로 하여금 피하려는 동기를 유발한다는 점을 들고 있다.

공격성에 대한 초기연구에서는 공격성을 단순하게 타인에게 상해를 입히는 행동(Buss, 1961)이라고 정의하였으나, 이후 Berkowitz(1974), Feshbach(1970) 등에 의해서 다른 사람에게 해를 줄 의도가 수반되어야 한다는 정의로 발전하였고, 이후 Zillmann(1978)은 타인에게 신체적 혹은 물리적 해를 산출하려는 시도라는 행위결과에 초점을 둔 정의를 한 바 있다. 그러나 많은 사회과학자들은 그 행동이 다른 사람에게 해나 상처를 입혔냐보다는 의도를 갖고 있었냐에 초점을 둔 정의를 받아들이고 있는 경향이다.

Harrè와 Lamb(1983)도 공격성을 이야기 할 때 가장 중요한 것은 공격자가 피해자를 신체적으로, 또는 심리적으로 해를 주고자 원하며, 이런 목적이 성취되었을 때 강화된다는 점이라고 강조하면서, 공격적 욕구인 공격심과는 차이가 있다고 본다. 즉 적극적인 세일즈맨이 보이는 강력함이나 사람들에게 강하다는 인상을 주고 싶어 하는 젊은이가 보이는 자기과시는 공격심으로서, 공격성과는 전혀 다른 것으로 본다.

김청자(1993)도 공격성과 공격심을 구분하는데, 공격성은 공격심과 그 수행과정인 공격행동을 포함한 개념이고, 공격심은 수행행동 이전에 지닌다고 생각되는 인간 본성의 공격성향 또는 타인, 자기, 기타 대상에 대한 상해나 공포 또는 고통을 주려는 의도나 욕망이라고 설명한 바 있다.

또한 공격성과 관련된 다른 용어로는 적대감이 있는데 공격성이 행동이나 태도인 데 반해 적대감은 감정을 의미하며, 분노나 공격성이 일시적인 것임에 반해 적대감은 분노가 누그러진 후, 혹은 공격행동 이전에 지속적으로 갖고 있는 감정을 의미하는 것으로 구분할 수 있을 것이다. Buss(1961)는 적대감은 사람이나 사건에 대한 부정적인 평가를 포함하는 것으로, 공격이 외재적 강화인보다는 상해에 의해 더 강화될 때와 관련되는 개념이라고 보았다. 즉 그에 의하면 적대감은 '상해로 강화된 공격성'과 같은 것이다. Edmund와 Kindrick(1980)는 그의 책에서 도구적 공격성은 외재적으로 강화된 공격적인 성향과 관련되고, 공격심은 적대감과 상해로 강화된 것이며 내재적으로 강화된 성향과 관련된다고 하였다.

공격행동이 발생하는 과정에 대해서도 의도를 포함해서 인지적 측면의 중요성을 강조한 연구자들이 많은데, Green(1990)은 행위자의 배경변인과 행위자를 포함한 상황변인을 중심으로 공격성 유발과정을 설명하고 있다. 공격성 유발에 관여하는 배경변인으로는 생리적 현상, 인성 및 사회문화적 기대, 폭력자극의 관찰을 들었고, 상황변인으로는 욕구좌절, 피습, 규준침해, 가정의 갈등, 환경에서의 스트레스 요인, 신체적 고통을 들고 있다. 상황변인인 문제상황이 전개될 때 행위자는 그 상황에서의 의도나 악의 여부를 판단하고 해석하며, 의도와 악의가 있는 것으로 판단될 때 분노와 심한 스트레스를 느낀다는 것이다. 그 다음은 공격여부를 결정하는 평가단계를 거치고, 공격성 유발 쪽으로 결정이 되었을 경우에는 유용한 공격수단을 평정하게 된다. 이렇게 인지적 요인이 공격여부를 결정한다는 견해는 앞에서 살펴본 Berkowitz의 인지적-신연합모델에서도 핵심을 이룬다.

2. 공격성의 유형

공격성을 투쟁본능으로 설명한 Lorenz(1966)는 공격성을 약탈적 공격성, 반격 공격성, 위기적 반동 공격성, 영토확장 공격성, 경쟁적 투쟁 공격성, 그리고 종족 보호를 위한 공격성의 6가지 유형으로 구분한 바 있다. 또한 공격성의 이해를 위해 많이 인용되는 공격성에 대한 구분으로는 Feshbach(1964)의 견해를 들 수 있다. 그는 공격성을 도구적 공격성과 적대적 공격성으로 구분하였다. 도구적 공격성은 비공격 목표를 성취하기 위해서 공격적 행동을 하는 것이다. 예를 들어, 어린이가 더 작은애를 곯려서 자기가 원하는 장난감을 빼앗을 때와 같은 경우가 이에 속한다. 적대적 공격성은 생명체 혹은 무생물에 대해 피해를 주려고 행하는 행동으로 그 대상을 해치는 것은 다른 목표를 위한 수단이라기보다는 그 자체가 목표인 공격성을 의미한다.

개념적으로 이 두 가지 공격성 간에는 중요한 차이가 있는데, 즉 도구적 공격성은 전적으로 학습된 습관과 기대에 기초하고 있는 반면, 적대적 공격성은 이론적으로 정서적 요소를 포함하고 있는 것이다. 그러나 특정의 공격행동에서 도구적 요소와 정서적 요소의 역할을 분리시키기 어려울 때가 많다. 어린이를 심하게 구타하는 부모는 자녀의 바람직한 행동을 제어하기 위해서 도구적 행위를 하는 것일 수도 있지만 분노나 적대감과 같은 정서적 요소가 포함되어 있을 수도 있고 그 순간 진정으로 아이를 해칠 의도를 갖고 있을 수도 있다는 것이다. 공격자의 진짜 의도는 관찰자에게뿐 아니라 그 공격자 자신에게조차 불분명할 때가 많다.

Moyer(1968)는 Lorenz와 Feshbach의 분류를 확장하여 공격성이 나타나는 상황에 따라 8가지의 공격성으로 분류하고, 각 종류의 공격성이 나타나는 유발자극과 그 공격성이 일어나는 일반적 환경을 세분화해 놓았다. 그는 또한 이들 각 공격행동이 다른 생리적 기초를 가질 수 있다고 지적하고 각 공격성에 대한 신경적, 그리고 내분비적 기초에 관한 잠정적 제안을 하기도 하였다. 즉, 자연적 희생자에 대한 약탈자의 공격을 약탈적 공격성, 같은 종의 수컷에 의해 유발되는 남성 내 공격성, Lorenz의 위기적 반동과 유사한 개념으로, 위험으로부터 도망치기 힘든 상황, 즉 코너에 몰렸을 때 도망치기 전에 나타나는 공격성을 공포에 의한 공격성이라고 명명하였다. 그 밖에 자기영토에 위협이 가해졌을 때 나타나는 영토확장 공격성, 어떤 위협이 가해졌을 때 자식을 보호하기 위해 취하는 모성적 공격성, Fesbach의 정의와 유사하게 비공격적 목표를 성취하기 위한 도구적 공격성, 공격성의 표적이 성적 반응을 일으키는 자극과 같은 성관련 공격성이 이에 포함된다. Moyer는 다른 유형의 공격성은 그와 관련된 생리적 기초가 있는 데 반해서 도구적 공격성을 유발하는 데 결정적인 역할을 하는 생리적 기초는 없다고 보았다. 그보다는 공격행동이 강화를 받으면 그 동물 혹은 사람은 유사한 상황에서 그 행동을 반복하게 된다는 학습된 공격성이라고 보았다.

이에 대해 Buck(1976)는 사회학습이론에서 연구해온 공격성은 주로 도구
적 공격성이며, 공격 그 자체를 목표로 추구하는 공격성을 설명하는 데는
유용하지 않다고 주장한다.

3. 분노와 공격성

Collier(1985)는 분노를 "좌절과 신체폭력에 대한 반응으로 보통은 분노를
유발시킨 사람을 공격하고 상해를 입히고 싶은 욕망이 포함된다"고 정의하
는데, 이러한 정의는 적개심이나 공격성과 혼동되기 쉽지만 많은 경우 분노
는 노골적으로 표현되기보다는 억제하거나 우회적이고 간접적인 방법으로
표현된다. 즉 분노는 공격행동으로 연결될 수도 있지만, 분노가 반드시 공격
적이 되도록 이끄는 정서는 아니라는 것이다. 분노는 억제, 변형, 대치, 승화
되기도 한다(Averill, 1983).

분노가 반드시 공격성을 유발하지 않는 것처럼 공격성이 반드시 분노에
의해 일어나는 것은 아니다(Averill, 1983; Buss, 1971; Kaufmann, 1965;
Scott, 1958). 전문적 킬러는 분노 없이 공격을 가하는 대표적인 예이다. 그
러나 Rothenberg(1971)는 분노가 공격성과 밀접한 관련이 있다고 주장한다.
그는 "분노에 차있다"라는 말은 공격행동과 관련이 있고, "분노를 느낀다"
는 공격충동에 대한 주관적 인식으로 간주된다는 점에서 분노가 공격행동
과 밀접하게 연결된 정서임을 강조했다. Novaco(1977)도 분노는 공격의 저
변에 깔려 있는 주요 요소이며 우리가 감정적인 문제에 직면했을 때 공격
적 행동을 통하여 그러한 감정을 다루려 한다고 분노와 공격행동의 관련성
을 강조하였다.

Buss(1961, 1971)는 두 가지 형태의 공격성, 즉 피해자의 고통에 의해 강
화되고 분노를 수반하는 공격성과, 분노가 포함되지 않은 외재적 보상에 의

해 강화된 공격성을 구분해 설명하고 있다. 그러나 상해로 강화된 공격성이 반드시 분노나 다른 정서를 수반하는 것도 아니고, 외재적 보상에 의해 강화된 공격성이 반드시 분노 없이 일어나는 것도 아니다. Baron(1977)도 분노가 공격행동을 일으키는 필수요건은 아니라고 주장하며, 그런 이유에서 공격성이란 말은 해로움을 목적으로 하는 행동에만 국한되어 사용해야 한다고 주장한다.

한편 분노의 외적 표출은 공격성과 직접 관련이 있는 것으로 보인다. Spielberger 등(1983)은 분노의 표현양식을 분노의 내적 억제와 분노의 외적 표출로 구분했는데 분노의 내적 억제는 분노유발상황과 관련된 사고나 감정을 억제하거나 부정하는 것을 의미하며, 분노의 외적 표출은 비난, 욕설, 언어적 폭력, 또는 극단적 모욕과 같은 외현적 행동을 의미한다. 분노는 반드시 공격행동으로 이어지는 것은 아니지만, 공격행동이 하나의 표출방식임에는 틀림이 없고 공격성이라는 용어를 중심으로 한 정의에는 공격행동의 대부분이 분노와 연결되었을 가능성을 함축하고 있다.

Averill(1983)은 대학생과 사회인을 대상으로 공격충동을 느낀 에피소드를 수집하여 분석한 바 있는데 공격충동 즉 분노와 공격행동 간에는 차이가 있음을 보여주고 있다. 즉 공격충동을 느낀 경우라 하더라도 충동과는 달리 평온한 반응을 보였거나 유발자에게는 아무 해가 없는 대화를 나누었고, 단지 언어나 상징적인 공격을 가한 경우가 대부분이었다. 그리고 직접적인 신체적 공격이나 벌을 준 경우는 단지 10%에 지나지 않았다. 그는 이러한 연구결과를 통해서 분노는 공격을 향한 충동이지만, 그 충동은 억제될 수도 있고, 변형될 수도 있으며 심지어는 그 반대로 변화될 수도 있다고 주장한다. 그리고 분노는 다양한 다른 충동이나 행동과 양립될 수도 있다는 것이다.

이처럼 분노에 의한 공격행동이 공격성 표출의 한 형태이기는 하나 공격

행동이 반드시 분노에 의해 일어나는 것은 아님을 알 수 있다. 그러나 분노
에 대한 표출행동은 크게 공격적 행동과 비공격적 행동으로 나뉘어진다. 한
편 분노, 공격성, 적대감등은 서로 관련은 있으나 그 경계를 명료하게 설명
하기는 어려운 개념들로 보여진다. 그러나 지금까지의 내용을 종합해 보면
분노가 공격성의 기저를 이루기는 하지만 내적인 억제과정이나 보다 건설
적인 방향으로 발산되기도 하는데, 이에 반해 공격성은 다른 사람에게 해를
입히려는 의도를 갖고 행해지는 행동이라는 점에서 구분이 되고, 적대감은
상대에 대한 상해에 대한 집착과 연결된 감정이라는 점에서 구분이 된다.
분노가 공격행동으로 연결되는 데는 한 개인의 성향뿐 아니라 상황판단과
관련된 인지적 요인들, 그리고 사회적 압력도 영향을 준다. 또한 분노의 처
리과정은 적대감의 존재여부에 의해 영향을 받을 뿐 아니라 적대감의 지속
성 여부에도 영향을 미칠 수 있음을 알 수 있다.

 본 연구에서는 공격성을 어느 한 요인으로 설명하기보다 피해자, 공격자의
심리요인을 포괄하고 있는 Baron(1977)의 공격성에 대한 정의와 Buss(1961)
의 공격행동에 대한 3차원적 구분을 포괄하는 정의를 받아들이고자 한다.
Buss(1961)는 공격적 행동을 3차원으로 분류한 바 있는데 즉 신체적-언어
적, 능동적-수동적, 직접적-간접적인 것으로 나누고 이러한 차원으로
2×2×2=8의 가능한 범주를 산출할 수 있다고 제안했다. 즉 발로차기, 찌르기,
주먹으로 때리기는 신체적, 능동적, 직접적 공격행동이고, 악의 있는 소문을
퍼트림, 또는 다른 사람에 대한 비난은 언어적, 능동적, 간접적 행동으로 볼
수 있다. Baron과 Buss의 견해에 따라 공격성을 정의하면 공격성이란, "어떤
처치를 피하기 위해 동기화 되어 있는 다른 생명체에게 상해를 입히거나 상
처를 줄 목적을 갖고 행하는 어떤 형태의 행동"으로, "신체적-언어적, 직접
적-간접적, 능동적-수동적 행동"이라고 볼 수 있다.

D. 청년기의 분노와 공격행동

청년기는 정서적으로 격렬하고 변화가 심하여 인생의 그 어느 시기보다
도 '정서적'이라는 인상을 주게 된다. 한편 자신의 감정에 대해 이해하는 힘
이나 이를 적절히 표현하고 해소하는 방법에 대해서도 미숙하여 자기 스스
로 혼란을 경험하는 일도 많다. 김제한(1982)은 청년기의 주된 정서로 공포,
불안, 분노, 애정, 질투, 호기심을 들고 있는데, 청년기에는 우선 자기가 경
험하는 정서를 명료화하고 자각하는데도 어려움을 겪는 것으로 보인다.
Kendall(1993)은 공격적인 청소년의 인지적 기능을 고찰하는 가운데 공격성
은 인지적 결함과 인지적 왜곡의 문제이며, 공격적인 청소년은 비공격적인
소년보다 더 적은 환경적 단서를 사용하고, 애매모호한 상황에서 다른 사람
들의 행동을 적대적으로 귀인하는가 하면, 정서에 대한 명명화 과정에서도
결함을 나타냈는데 특히 일반적 각성상태를 분노로 명명화하는 경향이 있
음을 지적하고 있다.

이은순(1998)은 청년기의 분노는 아동기에 비해 훨씬 더 오래 지속되는
경향이 있으며, 사회적 욕구의 저지와 도덕적인 원인-자기발전에 방해를
받을 때, 자기주장을 못할 때, 간섭, 압박, 이유 없이 꾸중을 듣는 일, 불공
평한 취급, 흥미 없는 충고, 무시, 자유의 속박-으로 인해 분노를 느끼거나
실패의 원인을 자기에게서 찾으며 자기자신의 무능력에 대한 분노를 느끼
는 것이 특징이라고 했다. 특히 청년기에는 상대에게 빈정거리고 야유를 하
는 등 공격적, 반항적인 반응이 나타나고, 여자들은 반응이 언어적이거나
우는 것이라면, 남자들은 충돌, 구타, 음주 등 직접 행동으로 분노를 표현한
다는 것이다.

이밖에 청년기 분노자극에 대한 견해를 살펴보면, Hicks와 Hayes(1938) 등
은 청년기의 분노자극은 주로 사회적 성격을 가지며, 놀림, 부당함, 거짓말,

잘난척함, 야유, 실패 등이라고 보았다. 권혜진(1995)도 유아기와 아동기에는 주로 물리적, 생리적 자극에 의해 분노가 발생하는 데 비해 청소년기에 접어들면서 그 원인이 주로 사회적 요인 즉 대인관계로 옮겨지는 변화가 일어난다고 보고 청소년기는 대인관계에 따른 분노해결의 학습기라고 그 중요성을 강조했다.

권혜진은 분노해결과정에서 성차로 인해서 더 큰 문화적 압력을 받을 것으로 판단되는 청소녀의 분노현상에 대한 근거이론적 연구에서 청소녀의 분노현상의 핵심범주는 '치밀어 오름'의 해결과정이었고 청소녀의 치밀어 오름은 생성, 발전, 표출, 해결 등의 과정을 거치면서 해소되는 것으로 결론지었다. 또한 치밀어 오름과 인과적 관계에 있는 선행사건으로 '괴롭힘', '통하지 않음', '따돌림', '뒤쳐짐', 그리고 '다름'의 5개의 범주를 발견하였다. 또한 분노표현에 있어서 관계성 즉 상대방과의 관계에 대해 대상자가 가지는 인식이 중요한 영향을 미친다고 보았다. 즉 상대가 가까운 사람일수록, 상대로부터의 위협이 적을수록 분노표현이 직접적이었다는 것이다. 또한 이때 자신의 성격적 특성, 개인차에 따라 치밀어 오름의 발산, 해결, 내재화, 왜곡 등의 모든 전개과정이 달라진다는 것이다. 성격이 바깥으로 향할수록 치밀어 오름을 직접적인 방법으로 해결하려고 하고, 성격이 안으로 향할수록 억압하거나 간접적인 방법을 취하였다. 그리고 분노에 대한 전략은 성냄, 딴전, 부숨, 피함, 참음, 넘김, 달램, 삭힘, 버림, 탓으로 분석되었는데 특히 상대의 위협이 별로 크게 느껴지지 않을 때는 소리 지르기, 짜증내기, 대들기 등의 직접적인 표현방법을 취하고, 상대의 위협이 크다고 느낄 때는 물건던지기, 부수기 등 상대와 직접 관계가 없는 다른 대상에 대해 파괴적인 행동을 하고, 위협이 더 커서 파괴적 행동이 불가능할 때는 폭식, 수면, 편지, 일기쓰기, 낙서 등의 보상적 행동으로 감정을 해결한다는 것이 발견되었다. 즉 치밀어 오름이 너무 크면 억압을 하기 위해 노력을 한다는 것이다. 그리고 이러한 전략결과 해결되는 과정에서 나타난 범주는 '풀림', '남음', '쌓임', '얽힘', '맺힘', '가라앉음', '빔' 등이었다. 이 연구에서는 Strauss와 Corbin(1990)의 근거이론 패러다임을 사용하여 인과적 조건, 중심현상, 맥락, 중재상황, 전략, 결과 등으로 분류하였으며, 맥락과 중재상황은 현상과 전략을 연결하는 중재변인으로 작용한다.

이러한 연구결과가 성별에 차이가 없이 남자 청소년들 사이에서도 나타날 것인지, 이러한 요인들이 청소년들의 체험 속에서 어떤 의미를 가질 것이지, 그리고 이러한 요인이 선행사건이라기보다는 심리적인 다른 요인으로 설명될 가능성은 없는지를 본 연구에서는 체험분석의 방법을 통해 밝히게 될 것이다.

서울시내 중고생을 대상으로 한 김청자(1993)의 연구에서는 억울함, 배신당하고 무시당함, 차별대우, 측근이 이유 없이 매 맞음, 힘으로 내 것을 빼앗거나 파괴하는 상황, 그리고 이기적이며 잘난 체 하거나 아첨하는 사람을 보는 상황에서 90%의 학생이 공격심을 느낀다고 답하고 있다. 그리고 공격심이 유발되는 상황은 대인 간 자극, 대 사회, 개인 내 자극 순으로 대인관계가 분노와 마찬가지로 청년기 공격심의 주요원인이 되고 있음을 알 수 있다. 같은 연구에서 하위자극요인 중 남학생은 성충동을 느낄 때나 배가 고플 때와 같은 생리적 욕구요인이, 여학생은 나의 판단을 부모가 반대할 때, 여자라고 업신여길 때, 인정받기 원하나 안 될 때와 같은 사회적 욕구요인이 더 크게 작용하며, 자극요인별 공격심 유발빈도나 공격심의 강도에서도 차이가 났는데 남학생은 신체적 손상을 입었을 때, 여학생은 정의적 침해 즉, 차별대우를 받았을 때 더 자주, 더 강한 공격심을 경험한다. 김청자의 연구에서 공격심은 공격행동 이전의 상태로, 공격행동으로 나타날 수도 있고 단지 충동으로만 느낄 수도 있다는 점에서 공격충동을 수반한 분노라고 볼 수 있을 것이다. 그렇다면 앞에서 나열한 부당한 대우와 침해, 이기적이고 잘난 척 하거나 아부와 같은 태도를 청소년의 분노유발요인으로 볼 수도 있을 것이다.

김청자의 연구에서 이기적이며, 잘난 체 하거나 아첨하는 사람에 대해 느끼는 청소년들의 공격심은 김용태, 박한샘(1997)의 청소년을 대상으로 한 따돌림에 대한 조사에서도 볼 수 있는데 즉 응답자들은 따돌림의 대상이 되는 친구들의 유형으로 '잘난 척하고 다른 친구들을 무시하는 아이(남 57.6%, 여 80.3%)'를 가장 많이 들고 있고 그 다음 '아첨하는 아이(남 16.5%, 여 24.8%)'라고 답하고 있다.

학자들은 청년기의 분노와 공격성 유발에 있어서 사회적 성격을 강조하고 있다(김청자, 1993; 이은순, 1998; Hicks & Hayes, 1938). 특히 Averill(1983) 과 권혜진(1995)은 가족, 친구, 연인 등 보다 밀접한 관계가 있는 사람들 사이에서 더 빈번히 분노를 경험한다고 주장한다.

앞에서 살펴본 여러 이론을 종합하여 분노과정을 요약하면, 분노는 주로 좌절, 지속적인 스트레스, 불쾌한 자극에의 노출, 부당함, 자신의 무능력이나 뒤쳐짐, 잘난 척 함 등에 의해 유발되며, 여기에는 정서체험에 대한 기억이나 개인차가 중재함(Berkowitz, 1990; Lazarus, 1991)을 알 수 있다. 그리고 분노처리과정에서 나타나는 공격행동에 영향을 주는 변인으로는 사회적 압력이나 금기(Lazarus, 1991), 그 상황에서의 의도나 악의 여부에 대한 해석 그리고 생리적 현상이나 사회문화적 기대(Green, 1990), 상대의 위협 정도나 개인차(권혜진, 1995), 등이 포함되어 있으며 행동결과에 대한 고차적 인지과정(Berkowitz, 1990)도 영향을 주게 된다. 이러한 연구결과들을 기초로 분노유발과 처리과정을 도식화하면 〈그림 1〉과 같다.

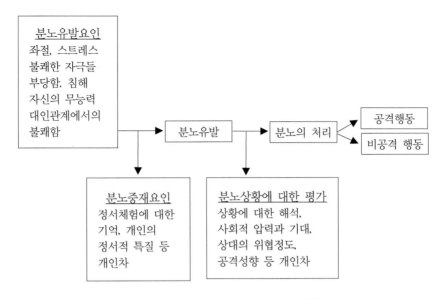

<그림 1> 분노유발과 분노의 처리과정

　이러한 도식은 본 연구의 관심주제인 분노와 공격행동에 포함된 공통요
인을 가정하는 데 도움이 될 것으로 보인다. 그림에서 분노유발원인은 분노
유발의 선행요인으로, 분노상황에 대한 평가는 공격행동의 선행요인으로 설
명될 수 있을 것이다. 선행요인 외에 분노유발상황과 공격행동에 포함된 요
인으로는 그 경험 자체에 대한 느낌, 심상, 감각이 있을 것이다. 그리고 분
노유발상황에 대한 느낌, 심상, 감각은 분노상황평가에 영향을 주고, 공격행
동에 대한 느낌, 심상, 감각은 그 다음 분노처리방식에 영향을 줄 것으로
보인다.
　체험분석이라는 발견적 패러다임을 도구로 하는 본 연구는 이러한 기존
의 도식을 확인하고 보다 정교화하는 기회가 될 것으로 보인다. 즉 본 연구
는 이러한 도식이 청소년들의 체험을 통해 확인될 것인지, 그리고 기존의
도식에서 발견하지 못한 내용은 없는지, 있다면 그것은 무엇인지 설명하는
것을 하나의 목적으로 한다. 그리고 양적 연구에서 발견하기 어려웠던 보다

심층적인 부분에 대한 설명이 가능해질 것으로 기대되며, 무엇보다 청소년의 분노와 그로 인한 공격행동을 이해하는 데 도움이 될 것으로 기대된다. 그리고 선행연구결과에서 강조되었던 분노유발과 분노처리과정에서의 인지적 요인의 중요성과 그 역할을 좀 더 자세하게 밝히는 결과가 될 것으로 기대된다.

Ⅲ. 체험분석방법

체험분석방법은 인본주의 상담철학에 기초해서 실제 생활에서의 체험적 삶의 의미를 이해하기 위해 고안된 방법이다. 이 방법은 연구와 개인의 실제적인 삶을 직결시키고 실제생활 속에서 사람들이 겪고 있는 문제들에 대한 구체적 처방을 가능하게 한다는 점에서, 그리고 전통적인 상담연구결과가 상담의 실제 개선에 별 도움을 주지 못하는 단점을 제거한다는 점에서 의의를 갖고 있는 방법이기도 하다(박성희, 1997). 본 연구에서는 박성희(1997), Heron(1981), Barrell, Medeirros, 그리고 Price(1985), Barrell, Anastoos, Richard 그리고 Aron(1987)의 연구를 기초로 한 체험분석방법을 적용하고자 한다.

전통적인 연구방법을 쓰면, 연구자와 피험자가 비상호적이고 비조화적 관계 속에서 각자의 역할을 수행하며, 실제의 연구대상인 피험자는 연구가설이나 연구설계에 대한 정보를 주거나 자문에 관여할 수 없고, 또한 연구자의 일방적 지시에 의해 연구가 이루어지게 된다. 이때 피험자가 연구자의 지시를 받아들이는 것이 연구자가 피험자에 관해 알게 되는 것보다 중요시 된다는 것이다. 결국 연구자는 피험자에게 영향을 끼치지만 피험자는 연구에 참여할 수가 없는 것이다. 그러나 체험분석방법을 쓰면 연구자와 피험자는 협동연구자, 혹은 공동연구자의 자격으로 가설을 세우는 데서 결론을 맺는 데까지 모든 단계에서 연구에 기여하게 된다(Heron, 1981).

상담연구 분야에서 체험분석을 하나의 방법론으로 관심을 기울이기까지 Heron은 매우 다양한 영역에서 이 체험분석방법이 적용되어 왔음을 강조하였다. 즉 본 연구에서와 마찬가지로 사람들의 심적 상태를 다룰 수도 있지만 집단 내 상호간의 변화, 혹은 개인적 성장을 위한 어떤 절차로서 가설을 세우고 결론을 내리기 위해서도 체험분석을 사용할 수 있다는 것이다. 그는

44

조직과 집합의 중요성을 강조하는 작업공동체, 남녀 간의 성교류, 그리고 배우자 혹은 생활파트너와의 생활 스타일 공유 등의 분야에서도 체험분석이 행해지고 있다고 소개한다. 즉 연구와 일상적인 생활 간의 차이를 제거하여, 인간의 삶의 조건에 관해 좀 더 많은 의미를 발견하게 해주는 방법이라는 것이다. 체험분석의 적용 예는 이외에도 스트레스, 통증, 질투, 시간지각, 동기, 그리고 불안과 같은 인간의 정서 등 다양하다고 Barrell 등(1987)은 소개한다.

이 접근의 네 가지 전략은 다음과 같다. 첫째, 즉각적인 체험이나 지나간 체험을 회상하여 집중하고, 둘째, 일인칭, 현재시제로 그것을 기록하고, 셋째, 특정유형의 체험에 대한 보고를 수집하고, 끝으로 이들 기술에서의 공통점이 무엇인지 스스로에게 질문한다. 그리고 체험분석에 의한 연구절차는 다음과 같다.

A. 체험분석의 목적

연구주제가 되는 체험 즉 본 연구에서는 분노체험이 어떻게 산출되었는지, 그리고 그것이 어떻게 처리되었는지를 발견하여, 체험에 대한 본질적인 구조를 설명하는 데 있다.

B. 연구질문의 공식화

연구질문은 특별한 표적이 되는 체험이나 현상 그 자체를 나타내는 자극조건이라기보다 사람들이 특정의 현상, 예를 들면 분노를 어떻게 경험하는

지와 연결된 것이어야 한다. 즉 분노를 어떻게 체험하는지 발견하기 위한 것이지, 분노라는 자극 그 자체의 '객관적' 특징을 발견하기 위한 것은 아니다. 질문은 분노체험의 '무엇을'과 '어떻게' 두 가지를 모두 포함한다. 본 연구에서는 연구주제에 따라 "분노의 체험에서 무엇이 일어났는가?", "그 분노의 처리과정에서 무엇이 일어났는가?"라고 질문할 것이다. 이 질문들을 쉽게 풀이하면, "누구에겐가 화가 난다는 것을 체험하는 것은 어떤 것인가?" 그리고 "화가 난 후엔 무엇을 체험하는가?"와 같은 뜻이 될 것이다.

C. 체험분석과정

1. 자기관찰

사전모임을 통해 공동연구자들은 자기관찰(Self-Observation)을 수행하기 위한 지시문과 함께 오리엔테이션을 받는다. 자기관찰 연습을 통해 자기체험에 주의를 기울이고 자기수용을 통해 공정함을 잃지 않는다. 자료의 대부분은 즉각적으로 회고된 것이며 마치 그들이 그 순간 경험하고 있는 것처럼 과거체험을 재생한 것들이다. 관찰은 느낌, 사고, 감각, 행동, 그리고 의미로 만들어져 있다. 더욱이 공동연구자들은 그들의 체험에서 일어나는 것은 무엇이나 수용하고, 실제로 일어난 일은 무엇이나 인정하기로 한다. 만일 그들이 그들 자신의 체험을 판단하게 될 때조차 그들은 그러한 판단을 수용하고 그것을 보고한다. 그들은 단순히 그들의 경험에 개방되는 것이다.

2. 자기보고 또는 체험기술

자기보고(Self-Reporting)의 본질은 다음과 같다:

현재의 시점에서 즉각적 체험 내용을 기술하고 보고하는 것으로서, 구성원은 그들의 체험에 대한 해석적, 시(詩)적, 그리고 역사적 설명을 피하고, 즉각적 체험에 관련된 생각, 느낌, 그리고 심상을 보고한다. 이러한 체험에 대한 설명은 일인칭, 현재시제, 그리고 쓰여진 것이거나 테이프로부터 풀어 쓴 것으로 한다. 이러한 보고는 각기 다른 상황에도 불구하고 분노와 분노 처리에 대한 체험을 기술한 것이어야 한다.

다음은 박성희(1997)가 제시한 분노체험의 일 예이다:

> 나는 어떤 한 사람 또는 그 사람에 대한 인상에 대해 초점을 맞추고 있어. 이렇게 초점을 맞추다 보니 분명한 생각이 떠오르네; 그 사람이 나에게 한 짓은 정당하지 않다는 느낌과 생각이야. 나는 그 정당함을 원하고 이러한 부당함이나 불의가 없어지기를 원해. 그런데 그렇게 하지 못할 것 같아. 이미 부당한 일은 벌어지고 있잖아. 내 호흡이 점점 거칠어지고 몸에 압박이 가해지는 것을 느끼고 있어.

3. 자기발견

공동연구자들은 체험적 정의와 공동합의를 결정하는 수단으로, 체험자료들 간의 공통요인을 발견하는 방법을 배우게 되는데 자기발견(Self-Discovering)이란 이러한 과정을 의미한다. 구성원들은 그들이 쓴 기술을 구성원에게 말하는 것을 허용하고, 그들 자신의 다양한 체험을 통해 공통요인을 발견하려는 목적을 가진 자료(기술문들)에 대해 의문을 제기한다. 이들 공통요인들은 기술문에 분명히 드러날 수도 있고 함축적일 수도 있다. 주제가 되는 체험기술들 간의 지속적인 비교가 모든 체험 속에서의 공통요인인지 발견하기 위해 시작된다. 본 연구주제와 관련된 질문의 예는 "이러한 요소가 나의 분노체험 어디에서나 나타나는가?", "나는 그것 없이도 분노와 공격행동을 체험할 수 있는가?", "분노와 공격행동의 체험을 위해 이들 요소가 나타나면 충분한건가?" 등이다. 박성희는 이때 선입관, 선판단, 자신의 해석이 들어가지 않도록 조심해야 한다고 주장한다. 또한 자료들 속에 자신이 찾는 답이 들어 있다는 믿음을 가지고 철저히 자료 속에 거하며, 자료를 벗어나지 않도록 해야 한다는 것이다.

4. 체험 내 공통요인 찾기

연구의 두 번째 단계는 체험에 나타난 공통요인에 관한 집단합의에 도달하는 단계이다. 각 공동연구자는 자신이 독립적으로 발견한 요소들을 목록화하여 집단에 제공한다. 집단에서는 각자가 준비한 목록의 공통요인을 검증, 분석하는 과정을 갖는데 그 공통요소가 체험적 동등성과 차별성, 체험적 증거, 그리고 필요충분관계가 있는지를 분석하기 위한 것이다.

가. 체험적 동등성과 차별성

체험적 동등성(Experiential Equivalence)은 사용한 낱말이나 용어들이 같은 체험적 의미를 상징화하기 위해 사용될 수 있다는 생각과 관련된다. 이러한 가능성의 검증을 위해 각 개인은 체험의 본질을 침범하지 않으면서 각자의 체험이 다른 방식으로 정확하게 진술될 수 있는지를 검토한다(예를 들면, 다른 공동연구자의 단어로). 이러한 대안적 표현은 체험적으로 동등한 것으로 간주되고 단일의 공통요인으로 간주되었다. 그러나 같은 낱말, 용어가 사용되었음에도 불구하고 체험내용이 서로 다른 경우도 있다. 차별적 체험(Experiential Difference)은 공통요소에 포함시키지 않는다.

나. 체험적 증명

체험적 증명(Experiential Proof)이란 공동연구자들이 실제 과거의 체험을 재체험하면서 목록에 들어 있는 각각의 내용들을 공통요소로 포함시킬 것인지, 삭제할 것인지 또는 유보할 것인지를 결정하는 과정이다. 이러한 과정은 그들 자신의 체험들 속에 공통요소가 존재하는지 아닌지를 다른 사람들이 검증하는 것을 의미하는 것으로서, 공적 검증(public verifiability)을 가능하게 한다.

다. 필요충분관계

필요충분관계(Necessary and Sufficient Relationships)는 다음과 같은 과정을 의미한다. 즉, 합의된 공통요소들의 목록이 만들어지면 각 요소가 그 체험에 필수적인 것인지를 평가한다. 그런데 예외에 의해 공동합의가 어려울 가능성도 있다. 즉 그 체험이 제안된 공통요소 없이도 일어날 수 있는 예외를 발견할 수 있다는 것이다. 만일 그렇다면 그 요소는 제외된다. 그 결과는 그 체험을 구성하는 필수적인 공통요소의 목록으로 제시된다. 즉 모든 사람, 모든 상황에 적용할 수 있는 체험구조에 대한 일반화된 결론을 얻어 낸 것이다. 다음은 공통요소들이 또 다른 체험을 이끄는 데 충분요소들인지를 검증한다. 다른 첨가될 요소는 없는가? 만일 이 요소들이 충분한 것이 아니라면, 각 개인은 이전 과정을 반복하면서 체험을 다시 탐색하게 된다. 다른 어떤 요소도 발견되지 않으면, 공통요소의 목록은 필요충분조건을 만족시키는 것으로 받아들여진다. 끝으로, 같은 체험 내에서의 이들 특정요소의 반복된 발견은 이 요소의 신뢰도를 높이게 되는 것이다.

　Barrell 등(1987)은 체험기술에 필요한 안내지침을 주기도 하였는데, 그가 제시한 지침은 다음과 같다.

　(가) 당신의 체험이 일어나는 장소를 짧게 기술하라. 어디서였나? 당신은 무엇을 하고 있었나?

　(나) 당신이 체험을 했을 때로 되돌아와서 짧은 시간 동안 다시 체험하라.

　(다) 짧게 다시 체험하면서 당신의 체험을 일인칭, 현재시제로 기록하라. '나'를 주어로 진술하라.

　(라) 당신이 체험하고 있는 것은 무엇인지, 그리고 어떻게 체험하는지 두 가지를 다 보고 하라.

　(마) 체험기술은 짧은 기간의 체험을 포착하고, 그 체험에서 무엇이 일어나는가? 라는 질문에 답을 찾는 것이다.

　본 연구에서는 이러한 항목들을 일부 수용하는 "체험분석방법배우기: 자기관찰 및 체험기술방법"에 대한 지침을 사용할 것이다(부록참조).

Ⅳ. 연구방법

A. 실시대상

본 연구에는 연구자, 체험분석지도자, 공동연구자들이 각기 다른 역할 수행을 위해 참여하였다. 연구자는 본 연구 집필자로 체험분석절차를 구성하고 체험분석결과를 종합정리하고, 결과에 대한 해석을 수행한다. 체험분석지도자는 각 집단의 체험분석을 이끌고 집단결과를 보고하고 집단 간 재검증 작업에 참여한다. 공동연구자들은 자기체험을 수집하여 보고하며, 그 체험 내에 포함된 요인을 발견하고 집단 내 공통요인 찾기에 참여한다. 공동연구자들은 서울시내에 서부, 남부, 동부에 거주하는 평균적인 고등학생의 특징을 갖고 있는 청소년들로 구성되었다. 즉 가정의 사회경제적 지위, 성적이 중간 정도이며, 본 연구주제에 직접적으로 영향을 줄 수 있는 요인들이 포함되지 않은 청소년들이다.

1. 체험분석지도자

각 집단별 체험분석지도는 본 연구자를 포함하여 3명의 이화여자대학교 심리학과 박사과정생이 담당하였다. 체험분석지도자들에게는 본 연구자가 체험분석에 대한 사전교육을 하였으며, 체험분석에 관한 문헌을 제공하였고, 체험분석과정 설명과 매 회기별 주의사항, 소책자의 사용방법들을 설명하였다. 그 외에는 지도자 나름의 창의력을 발휘할 수 있는 융통성을 부여했다. 그리고 1회기와 2회기 중간, 3회기와 4회기 중간에 모임을 갖고 진행상 특기사항에 대해 의견을 주고받았다. 이러한 과정을 통해 체험분석지도자 간의 차이를 줄이고 연구진행상의 문제점을 해결할 수 있었다. 체험분석지도자용 지침은 부록 2에 제시되어 있다. 또한 각 집단결과가 나온 후 이를 검증하기 위한 별도의 체험분석지도자 회기를 가졌다.

각 집단에서 체험분석지도자는 공동연구자들 간에 친밀하고 협조적인 관계를 형성하고, 자연스러운 참여자의 역할을 수행하면서, 동시에 체험분석방법을 전달하고 과정을 이끄는 등 능동적인 역할을 수행한다.

2. 청소년 연구참여자

본 분석에는 총 23명의 청소년이 참가를 신청하였으나 4집단(남)에서 2명이 중도에 탈락하여 전체 21명(남 10명, 여 11명)이 연구참여자로 분석에 참여하였다.

이들은 본 연구자의 요청에 의해 교사들이 본 집단을 소개한 후 모집하였으며, 남녀 각각 2개 집단씩 4집단으로 구성되었다. 2집단(여)과 3집단(남)은 남녀공학의 같은 학교 학생으로 선생님의 소개로 집단에 참여하게 되었고, 집단1(여)은 교사의 설명 후 권유 혹은 자발적으로 모인 2개교 학생들로 구성되었으며, 집단3(남)은 교사 설명 후 권유 혹은 자발적으로 모인 1개교 학생들로 구성되었다. 이들의 모집과정에서는 사회경제적 지위가 중 정도의 가정에서 생활하며, 성적이 중위권일 것과 학업에 대한 부담이 비교적 적은 고1, 2학년으로 한정해 달라는 사전 요청이 주어졌다. 이들 중 고1이 18명, 고2가 3명이었다.

각 집단별 체험분석지도자와 연구참여자의 인적사항은 부록 3에 제시되어 있으며, 집단특성은 다음과 같다.

1집단(여): 본 연구자가 체험분석을 지도했으며, 연구참여자는 서울 동부, 서부에 위치한 2개교(각 3명)고 1, 2학년의 여학생 6명으로 구성되었다.

2집단(여): 체험분석지도자는 이화여자대학교 심리학과 박사과정생(여, 32세)이고 연구참여자는 서울 남부에 위치한 남녀공학에 다니는 고1 여학생 5명으로 구성되었다.

3집단(남): 체험분석지도자는 이화여자대학교 심리학과 박사과정생(여, 33세)이고, 연구참여자는 서울 남부에 위치한 남녀공학에 다니는 고1 남학생 7명으로 구성되었다.

4집단(남): 체험분석지도자는 3집단과 동일인이고, 연구참여자는 서울 서부에 위치한 남녀공학에 다니는 남학생 5명으로 구성되었으나 도중에 2명이 탈락하였다.

B. 체험분석 절차

본 연구에서의 체험분석은 〈표 1〉과 같은 절차에 의해 이루어졌으며, 청소년들의 참여동기를 높이고 체험분석에 대한 소개도 쉽게 하기 위하여 체험분석과정을 구조화한 소책자를 제작 활용하였다(부록 1). 본 소책자는 집단과정에 활용할 수 있는 자료들로 구성되었으며, 모임의 목적과 과정, 관련용어의 설명, 체험기술방법, 공통요인 찾기, 체험적 재검증방법, 필요충분관계 검토, 소감문 등의 내용이 포함되어 있다. 이러한 시도는 질적 연구에서의 면접이 기본적으로 비형식적이고 비구조적이긴 하지만 연구자가 특정주제에 초점을 맞추고 있을 경우에는 주제에 관련된 질문의 목록을 미리 갖기도 하는 변형된 방식을 따른 것이다. 한편 각 집단의 흐름에 따라 과정상 융통성을 발휘하는 것을 허용한다.

한편 본 연구에서는 Barrell 등이 만든 안내지침을 일부 수정 보완하여 다음과 같은 지침을 사용한다.

첫째, 일상생활에서 당신에게 일어나는 분노체험에 집중하라. 그것을 있는 그대로 수용하라.

둘째, 분노체험이 일어나면서 무엇이 어떻게 일어나는지 질문하는 가운데 자신을 관찰하라. "분노체험에서 무엇이 일어났는가?", "그 분노를 어떻게 처리하고 있는가?", "화가 난 후엔 무엇을 체험하는가?"

셋째, 분노체험이 일어난 직후, 혹은 그날 저녁 이 체험을 다시 한번 불러내어 혼자 체험을 정리해 본다. 이때 공정성을 잃지 않고 단순히 자신을 경험에 개방한 채로 마치 지금이 그 순간인 냥 체험을 회상하라. 체험에서 일어난 것은 무엇이나 받아들이고 실제로 일어난 일은 무엇이나 인정한다.

넷째, 체험을 기록하라. 일인칭, 현재시제로 체험과 느낌, 사고, 감각, 행동, 의미 등을 기록한다. 해석적 설명, 시적 설명, 역사적 설명은 절대로 금물.

자세한 내용은 부록에 기술되어 있다.

C. 체험분석 실시 및 결과처리

본 분석은 1998년 9월 10일부터 1998년 10월 10일 중에 각 집단별로 4회기에 걸쳐 이루어졌다. 2, 3집단은 방과후 학교 특별활동실을 이용하였고, 1집단은 서울특별시청소년종합상담실 집단상담실에서, 그리고 4집단은 이화여자대학교 연구실에서 모임을 가졌다. 이들에게는 간식과 작은 기념품이 제공되었다.

회기별 목적에 따라 체험분석이 각 집단별로 진행되었고 각 집단은 체험분석지도자와 공동연구자에 의해 분노와 분노처리과정에서의 공격행동에 공통적으로 포함된 요인을 발견하는 작업을 수행하였다(부록 3. 각 집단별 진행과정 요약). 다음은 각 집단보고를 토대로 체험분석지도자 간 검증회기를 갖고 각 집단에서 발견된 요인을 종합정리 하였다. 끝으로 본 연구자는 발견된 분노체험과정, 분노체험에서의 남녀차에 대한 해석을 덧붙였다. 여기서 남, 녀 각각 2집단은 동질집단으로 각 집단 간 발견의 동질성은 각 집단의 체험분석결과가 평균적인 청소년의 특징을 나타낸다는 사실을 검증하기 위한 장치로 사용된다.

표 1. 본 연구의 체험분석절차

회 기	내 용	세 부 사 항	관 련 자 료
1회기	1. 모임의 목적과 과정 소개, 연구자의 역할		소책자 1-1
	2. 동의서 및 신상카드 작성, 자기소개		별도용지
	3. 관련용어설명(지도자)	분노란 무엇인가? 분노의 처리과정과 공격성	소책자 1-3
	4. 체험분석방법배우기	자기관찰 및 체험기술방법 (지도자)	소책자 1-4
	5. 최근의 분노체험 기술해 보기	회상의 시간, 기술	소책자 용지
	6. 체험기술에 대한 발표 및 기술방법의 세련화	체험기술발표 체험기술방법수정, 보완 (지도자)	
	7. 과제	체험분석자료수집(2개 이상)	소책자 용지
2회기	1. 체험분석(과제) 결과 발표	각자 수집해온 체험 발표 체험기술문 정리 (피이드백 주고받기)	
	2. 체험에서의 공통요인 찾기	공통요인 찾기지침(지도자) "분노유발에서의 공통요인은 무엇인가?" "공격행동에서의 공통요인은 무엇인가?" 동등성과 차별성	소책자 2-2
	3. 공통요인 찾기(각자)	각자 작업	소책자 2-3
	4. 공통요인목록표 작성(각자)		소책자 2-4
	5. 과제	각자 공통요인 점검(체험적 검증)	
3회기	1. 공통요인에 대한 토론 및 공통요인 목록표 작성(집단합의)		소책자 3-1
	2. 과제	자신의 체험을 통해 체험분석결과에 대한 재검증 해오기	
4회기	1. 체험분석에 대한 재검증 결과 토론		소책자 4-1
	2. 공통요인으로부터 필요충분계 살피기		소책자 4-2
	3. 결론 맺기		소책자 4-3

V. 연구결과

본 연구에서는 Erickson(1986)이 권하는 질적 연구결과 제시방법을 따르고자 한다. 즉 질적 연구결과에는 현장에서 발견한 사실 그대로의 직접적인 기술이라고 할 수 있는 특정한 기술(particular description), 직접적인 자료에 포함되어 있는 것의 개요라고 할 수 있는 일반 기술(general description), 연구자가 파악한 의미를 제시하는 해석적 논평(interpretative comment)의 정보가 포함되어야 한다는 것이다. 이에 따라 우선, 발견한 사실 그대로의 자료를 포함하는 각 집단의 체험분석결과와 요약표를 제시하고, 연구자가 각 집단결과를 검증하여 제시하는 분노체험분석결과종합, 그리고 연구자가 파악한 의미를 제시하는 결과의 해석이라는 제목하에 본 연구결과를 제시할 것이다. 각 집단의 결과를 검증하는 과정에서는 3명의 체험분석지도자들 간의 검증과 합의를 위한 회기를 가졌으며 그 결과도 포함하였다.

A. 각 집단의 체험분석결과

각 집단의 체험분석과정에 대한 기록은, 과정 중에 연구지도자와 연구참여자들 간의 래포형성 과정에서의 일상적인 대화나 불필요한 내용을 제외하고 그 전 과정을 3명의 연구지도자가 요약정리하였다. 그 결과는 부록 3(공동연구자 분노체험기록)과 부록 4(집단별 체험분석집단과정 요약)에 제시되어 있다.

여기서는 이러한 기록내용(원자료) 가운데 분노체험분석과정에 대한 기술과 각 집단별 체험분석결과만을 정리하여 제시하였다.

1. 1집단(여)의 체험분석결과

각 개인별 체험수집 결과

1집단에서 분노체험으로 제시한 6사례 중 5사례가 대인관계상황(친구 4
사례, 어머니 1사례), 1사례가 개인 내적 상황이었으며, 제시한 분노체험자
료와 집단합의에 의해 구해진 각 체험에 포함된 요인들의 목록은 부록 3에
나타나 있다. 부록 3의 분노체험기록은 연구참여자 각 개인의 자기관찰, 자
기보고, 자기발견의 과정을 거쳐 집단에서 확인하여 첨가한 요인목록이 포
함되어 있다.

각 분노체험 내 공통요인 찾기 결과

1집단에서는 일반적으로 분노체험에 포함된 공통요인은 실망, 배신감, 자
존심상함, 그리고 부당함이라고 합의하였고, 여기서의 부당함은 내가 갖고
있는 기준에서 벗어나는 것을 뜻한다고 정의하였다.

1집단에서는 대부분 분노를 공격행동으로 연결짓지 않고 참거나 회피하
는 것으로 나타났는데 그 이유에 대해 연구참여자들은, 분노에 대한 생각
(계획, 상상, 판단)의 결과이며, 그것은 화를 내도 될 상황, 즉 화를 낼 수
있을 만큼 상대가 만만한지 화를 받아줄 사람인지, 화를 내서 득이 될 것인
지를 판단하는 것이라고 결론지었다. 즉 화를 참는 것은 더 악화되는 것을
방지하기 위한 행동이며 그러한 결정 전에 화를 공격행동으로 나타내면 어
떤 상황이 벌어질지, 더 악화될 수도 있는 것인지 여부를 상상한 결과라고
설명하였다.

그러나 분노처리과정에서의 공격행동은 분노를 참다못해 더 이상 참으면
안 될 것 같을 때 차라리 한번 터트려 보자 하는 계산이 뒤따르는 행동이

고, 상대가 만만할 때, 즉 낯선 사람이거나 두 번 다시 안볼 사람, 반격이
안 올 사람에게 화를 낸다고 했다. 그동안 특정상황이나 특정인에게 쌓인
게 많아서 분노가 어느 한계를 넘어서면 표면적으로는 손해를 보는 것 같
지만 마음이라도 편하자는 심리로 화를 내고, 결과적인 득을 생각해서 일부
러 화를 낼 때도 있다는 것을 지적하였다. 그리고 일부러 어떤 사람이 귀찮
아 멀어지기 위해서도 화를 낼 때가 있고 화날 때마다 화를 다 표현하지
못하는 것도 결국은 자기 이미지 관리를 위한 계산적 행동이라고 대답하였
다. 결론적으로 화를 낸다. 즉 공격행동을 취하느냐 아니냐는 다 이득이 되
는 방향이 어느 쪽이냐에 달린 것이라고 결론지었다.

분노상황에서 가장 공통적으로 느끼는 신체 감각은 가슴이 답답하고 경
직되는 느낌이라고 설명하였다.

집단결론 및 검증 결과

다음에는 1집단에서 발견한 공통요인을 다른 분노상황에 적용해 보면서
검증해보는 과정을 가졌는데 재검증 과정을 통해 연구자들은 분노가 가까
운 사람에 대해 많이 일어나는 것 같고, 가까운 사이 혹은 나와 직접 연결
된 상황에선 자존심 상함이 지배적인 감정이나 나와 별 상관이 없는 상황
에서는 자존심 상함이라는 감정이 안 일어난다고 설명하였다.

> 버스 안에서 싸우는 걸 보고 화가 난 적이 있는데 …… (중략) 나와
> 개인적으로 직접 연결되는 상황이 아니면 자존심이 안 들어가고 나와
> 개인적으로 직접 연결되는 상황이면 자존심이 들어가는 것 같다. (1-2)
> 떡볶이 집에 가서 친구들과 목소리 높여 얘기를 하고 있는데 늙어 보
> 이는 남학생들이 계속 내 말투를 흉내내서 불쾌했다. 그러나 덤벼봤자
> 득 될게 없다는 판단을 했다. 나를 놀린 것 같아 자존심도 상했다. (1-4)

덧붙여서 화는 편한 사람에게 내고, 가까운 사람에게 기대하는 게 많아서 화가 나며 나와 가까운 사람에게는 기대에 어긋나는 게 허용이 안 된다고 설명하였다.

> 기대도 결국은 득이다. 기대대로 안 되는 것도 결국은 득이 안 되는 상황으로 가니까 화가 나는거다. (1-6)
> 가까운 사람에게 화나는 것은 부딪치는 기회가 많아서일 수도 있다. 화를 내는 것도 부딪쳐 반응이 와야 화를 내게 된다. 특히 가까운 사람에 대해서는 예민해진다. 가까운 사람에게는 가치기준을 더 많이 적용하게 된다. (1-1)

이러한 과정을 통해 자기기준에서 벗어남 즉 부당함이 모든 분노상황에 존재하며, 실망은 가까운 사람에 대해서, 자존심 상함은 자신과 개인적으로 관련된 상황일 때 주로 존재하는 것 같다고 집단결론을 내렸다. 한편, 공격행동에 존재하는 공통요인으로는 결과에서 오는 이득(공격행동이 차라리 마음이 편할 것으로 기대될 때, 상대가 받아줄 것이다; 상대가 만만하다, 나에게 되돌아오는 피해가 없다, 오히려 득을 겨냥한 화도 있다)을 들 수 있으며, 공격행동으로 가지 않는 이유는 득이 안 될 것 같아서 라고 결론지었다. 그리고 그러한 선택은 생각 즉 판단에 의해 좌우되며, 화를 안냈다가 나중에 화를 냈더라면 하고 후회할 때도 많은데 그때의 기준도 '득'이라는 것이다. 화를 내지 않은 게 억울해서, 혹은 화를 내는 게 오히려 그 친구가 나를 이해하는 데 도움을 주었을 텐데, 혹은 변화의 계기가 될 수도 있을 텐데 하는 생각 때문에 후회를 한다는 것이다.

결국 집단에서 발견한 분노유발에서의 공통요인은 부당함이며, 자신과 직접 연결된 상황에서는 자존심 상함이 공통요인이고, 이외에 분노에 포함된 요인을 각자의 목록을 통해 정리해 보면, 부당함, 실망, 배고픔(생리적 고통), 무시, 원망, 비참한 기분, 이기심, 눈치 없음, 거절, 변덕스러움, 배신, 자존심 상처받음, 어이없음, 반복되는 문제, 기대가 무너짐, 자신에 대한 실

망, 부정적인 결과의 상상 등임을 다시 한번 정리하였다. 공격행동이 나타
나는 조건은 화를 참을 수 없는 상태, 상대가 만만함, 나에게 유리한 결과
가 상상됨과 같은 득에 대한 판단이라는 집단합의를 확인하였다.

4회기에서는 집단에서 발견한 결론을 실생활에서 다시 검증해 본 결과를
발표할 기회를 가졌고, 집단에서 터득한 결론을 실생활에 적용한다면 어떤
도움을 받을 수 있을지에 대한 토론기회를 가졌다.

2. 2집단(여)의 체험분석결과

각 개인별 체험수집 결과 및 포함된 요인 찾기 결과

2집단에서 분노체험으로 제시된 5사례 모두가 대인관계상황으로 그 대상
은 이모, 어머니, 학원강사, 수의사, 오빠 등 다양했다. 제시한 분노체험자료
와 집단합의에 의해 구해진 각 체험에 포함된 요인들의 목록은 부록 3에
나타나 있다.

각 분노체험 내 공통요인 찾기

분노상황에서 나타나는 공통요인으로 연구참여자들이 처음에 제시한 요
인들은 다음과 같았다.

· 억울함, 이해가 되지만 짜증
· 억울함, 부당함, 내가 해야 하는 일에서의 싫증, 짜증
· 짜증남, 내 생각과 다를 때의 강요, 무시당함, 창피함
· 짜증, 시간에 쫓김(촉박함)
· 배신감, 미움, 짜증, 속상함, 무시당함

토론이 진전되면서 이상의 요인들을 기초로 전체 집단이 찾아낸 공통요인으로는 짜증, 억울함, 부당함, 무시당함, 내생각과 다를 때(상대가 틀린 것을 주장하거나 강요할 때)라고 결론 내렸다. 그리고 다음과 같은 의견들이 제시되었다.

> 신체적으로 상태가 안 좋을 때나 날씨의 영향으로도 분노를 느낄 수 있다. (2-5)
> 자기자신에게 화 날 때도 있다. 꼭 가고 싶은 외국가수 콘서트가 있었는데 피일 차일 미루다가 콘서트 3일 전에 표를 예매하러 갔더니 표가 한 장도 없었다. (중략) 나한테 너무너무 화가 났다. 왜 미리 예매도 못했나하는 생각으로. (2-2)

대부분 분노를 공격행동으로 연결짓지 않거나 회피하는데 그렇게 하는 이유는 내가 화를 내도 되는 상황인지도 모르겠고 혹 화를 내서 더 일이 커지면 안 되니까 화를 못 낸다. 또한 화를 내도 될 상대인지, 만만한 상대인지가 중요하다고 했다. 그러나 분노가 공격행동으로 표출된 경우로는 형제들끼리 주로 먹는 걸로 많이 싸운다는 얘기가 많이 나왔다. 화를 낼 때는 남의 입장을 생각하지 못하고 내 입장만 생각하고 이기적인 것 같다. 때로는 화를 낼 때 우월감을 느끼기도 한다. 만만한 상대한테 화를 내고, 너무 나보다 높거나(권위), 아주 나보다 낮은 사람한테도 화를 내지 않는다.

집단결론 및 검증 결과

2집단에서는 분노에 포함된 공통요인으로 짜증, 억울함, 부당함, 무시당함, 내 생각과 다름을 찾아내었고, 공격행동을 표출하느냐 아니냐는 상대가 누구인지, 화를 내도 후환이 없을지에 대한 판단이 중요하다는 것으로 결론을 내렸다. 또한 편한 상대, 가까운 상대(예, 형제)에게 화를 내게 되는 일

이 많고 분노유발 사건 외에 신체조건이나 날씨와 같은 상황조건도 분노유
발 요인이 됨을 지적해 내었다.

3. 3집단(남)의 체험분석결과

각 개인별 체험수집결과 및 포함된 요인 찾기 결과

3집단에서 분노체험으로 제시한 7사례 모두 대인관계상황(친구 5사례, 어
머니와 동생 각 1사례)이었으며 제시한 분노체험자료와 집단합의에 의해
구해진 각 체험에 포함된 요인들의 목록은 부록 3에 나타나 있다.

각 분노체험 내 공통요인 찾기

전체 학생이 '억울함'이 분노유발의 공통요인이라고 하였는데, 이때 '억울
함'이란 '같이 떠들었는데 나만 혼나거나, 나에게만 책임을 물을 때, 자신의
약점이나 신체적 부위에 대한 지적(교사나 선배로부터)을 들을 때' 등 항변
할 수 없는 대상에게 지적당할 때 느끼는 감정이라고 정의했다. 그리고 이
외에 의심, 배신감, 서운함, 비교당함, 무시당함 등이 관련요인으로 탐색되었
다. 덧붙여서 화가 나고 안 나고는 자신의 기분상태에 따라 달라질 수 있다
고 하였는데 힘들고 지쳤거나 짜증나 있을 때는 사소한 일에도 화가 나지
만 그렇지 않은 경우에는 그냥 밖에 나가 놀거나 오락하면서 잊을 수 있다
고 하였다. 즉 분노를 일으키는 필요조건은 억울함이고, 충분조건은 배신감,
섭섭함, 무시당함, 비교당함, 놀림, 의심이라고 결론지었다.

분노처리과정에서 공격행동으로 이끄는 요인으로는 자신의 신체를 먼저
공격하거나 언어적인 폭력을 쓰는 경우에 화가 나고 이때 부당함으로 인해
공격행동으로 갈 수 있다고 하였다. 기타 거짓말을 하거나 놀릴 때, 무시당

64

하는 느낌이 들 때, 화풀이 대상이 만만하게 보일 때, 사소하게 자신의 스트레스를 풀 만한 상대에게 공격한다고 했다. 공격행동으로 이끄는 필요조건은 부당함이라고 결론지었고, 충분조건으로는 거짓말, 비난, 놀림, 자기표현의 한 방법, 욕 등을 꼽았다.

집단결론 및 검증 결과

분노유발의 공통요인으로 발견해낸 '억울함'에 대해 학생들은 자신의 사례에 대해 다른 사람이 그런 경우였더라도 화가 났을 것이라고 쉽게 일반화지었다. 그리고 보도된 사건이나 주변의 깡패들이 애들을 못살게 구는 것을 보고 화가 나지만, 그때의 화는 불쌍하고 안됐고, 내가 도움을 줄 수 없기 때문에 화가 난다고 하였다. 그렇지만 달려들어서 도와줄 수 없는 것은 그 공격자가 나보다 크고 무섭기 때문이며 가만히 있는 게 나에게 도움이 되기 때문이라고 결론지었다.

이상과 같이 3집단에서는 모든 분노에 억울함이 포함되어 있고 관련요인으로는 배신감, 섭섭함, 무시당함, 비교당함, 놀림, 의심을 들었다. 그리고 신체공격, 언어폭력은 부당함을 일으키고 그로 인해 공격행동을 하게 만들 수 있다. 그리고 다른 사람이 공격을 당할 때도 내가 도와줄 수 없다는 사실에 분노를 느끼게 되는데 내가 그를 도와줄 수 없는 것은 그 공격자가 나보다 강하게 보이기 때문이라고 덧붙였다.

4. 4집단(남)의 체험분석결과

각 개인별 체험수집 결과 및 포함된 요인 찾기 결과

4집단은 5명의 연구참여자로 시작하였으나 2명이 탈락하여 3사례가 수집

되었다. 이들의 분노체험은 친구와 아버지 1사례, 아버지 1사례, 선배 1사례로 3사례 모두 대인관계상황에서의 분노였다. 제시한 분노체험자료와 집단합의에 의해 구해진 각 체험에 포함된 요인들의 목록은 부록 3에 나타나 있다.

각 분노체험 내 공통요인 찾기

분노의 공통요인으로는 '부당함, 심리적인 압박감, 억울함' 등을 들었다. '억울함'은 아는 사람한테 오해를 받는 경우와 모르는 사람이 상황을 잘 이해하지 못하고 나를 오해할 때 억울함이 화가 나게 만드는 요인이라고 하면서 가까운 사람이 오해를 할 때는 어떻게든 풀 수 있지만 모르는 사람의 경우는 방법이 없다고 하면서 이것은 '부당함'이라고 볼 수 있을 것 같다고 하였다.

그리고 분노가 공격행동으로 표현되게 만드는 공통요인으로는 '신체적인 보호나 득, 참을 수 있는 한도를 넘는 화를 느낄 때, 후련함을 느끼기 위해' 등이라는 의견이었다. 4집단에는 분노처리과정에서 다른 상대에 대해 공격을 가하거나 신체화하는 예를 들기도 하였다.

> 아버지로 인해 분노를 느낄 때가 많은데 …… 참을 때도 있지만 친구한테 가서 풀거나 술을 마시거나 지난번엔 가출을 해서 해소했던 적도 있었다. 그 외에도 괜히 지나가는 사람들에게 시비를 걸어서 싸웠던 적도 있었고, 그냥 한 대 치고 갔던 적도 있다. (4-1)
> 공격행동을 신체화하는 특성을 갖고 있는 것 같다. 학교나 집에서 화나는 일이 있으면 우선 머리 아픈 증상이 먼저 오고 그 다음 집 밖으로 나가서 오락실에 가거나 길에 있는 물건들을 발로 차고 지난 적이 있다. 기물을 부순 적도 있다. (4-2)
> 주로 내가 속해 있는 교내 합창단에서 나를 오해하고 상황설명을 먼

어주지 않는 주변 친구, 선배에 대해 화가 난다. 이때는 소리를 치거나 다른 애매한 사람에게 화를 낸다. (4-3)

집단결론 및 검증 결과

4집단에서는 분노의 공통요인으로 억울함을 들었다. 부당함보다 억울함이 더 화를 나게 만드는 요인이라고 강조했다.

만약 컨디션이 좋고 친구가 관련된 일이라면 부당한 일을 당했더라도 친구와의 관계를 생각해서 항의하지 않고 넘어갈 수 있지만(내 손해를 감수하고라도), 억울한 일은 상황을 설명하거나 어떻게든 오해를 풀어야 화가 풀릴 것이다. (4-3)

부당함은 잘못에 대해 처벌 정도가 지나칠 때 화나는 경우이다. 처벌하는 사람의 감정을 실어서 지나치게 화를 낼 때, 화가 나는데 이것은 억울해서 나는 경우와는 좀 다른 것 같다. 억울함은 내가 최선을 다 했는데 오해가 생겨서 참을 수 없을 때 화가 나는 요인이며 하기 싫은 일을 억지로 계속 시킬 때 머리가 아프고 화가 난다. (4-2)

분노처리과정에서 공격행동을 하게 만드는 요인은 '주체하지 못할 정도로 화가 나서' 위에서 얘기한 분노의 모든 요인이 다 플러스될 때이며 그것은 '압박감의 폭발' 같은 것으로 너무너무 화나면 주체할 수 없어서 모든 걸 포괄해서 폭발하는 것이라고 이야기하였다. 누군가 나에게 말로나 신체적으로 공격을 먼저 하면 '도저히 못 참아'라는 생각이 떠오른다고 덧붙였다.

공격까지 가게 하는 분노요인은 만만한 상대가 자기를 무시하거나 우리가 얘기한 분노유발요인에 평소에 쌓였던 감정들이 플러스되어 나온다고 의견의 일치를 보았다. 각자의 사례에서 스트레스 해소일 수도 있고(나보다 약한 상대를 대상으로), 자기과시를 위해, 상대에게 나도 이렇다는 걸 보여주기 위해 목숨을 걸고 덤비는 경우도 있다고 하였다.

집단과정을 정리하면서 분노를 일으키는 필요요인에는 억울함과 부당함이 있고, 억울함에 들어갈 수 있는 충분요인에는 실망감과 섭섭함이, 부당함의 충분요인에는 심리적이거나 신체적인 압박감이나 나쁜 컨디션이 들어간다고 하였다. 공격행위로 가는 요인에는 주체하지 못하는 폭발감정이, 이에 관한 충분요인에는 평소에 쌓였던 부정적인 생각과 감정들과 나에 대한 신체적, 언어적 폭력이 가해질 때라고 결론을 지었다.

표 2. 연구참여자 집단의 분노체험분석 결과 요약

집 단	분노를 자극하는 상황	분노유발요인 / 포함되는 관련요인	공격행동요인
1	생리적 고통: 배고픔, 피로	부당함, 자존심 상함	화를 참을 수 없음 이득에 대한 판단: 상대가 만만함. 나에게 유리한 결과 예상
		부당함, 실망, 무시, 원망, 비참한 기분, 이기심, 눈치 없음, 거절, 변덕, 배신, 자존심 상함, 어이없음, 반복되는 문제, 기대가 무너짐, 자신에 대한 실망, 부정적인 결과에 대한 예상	
2	신체상태가 좋지 않음, 날씨 영향	공통요인을 발견하지 못함	상대에 대한 판단: 편한 상대, 가까운 상대(예, 형제) 화를 내도 될 것 같은 상대. 화 낸 후 예상되는 결과
		짜증, 억울함, 부당함, 무시당함, 내 생각과 다름	
3	당시의 기분: 힘들고 지침 짜증스러움	억울함	부당함: 신체적 공격, 거짓말, 무시, 욕 상대에 대한 판단: 만만하게 보임
		의심, 배신감, 서운함, 비교당함, 무시당함, 놀림	
4	나쁜 컨디션	당함, 억울함	주체할 수 없는 폭발 감정, 쌓였던 생각과 감정, 신체적 언어적 폭력 만만한 상대 자기과시를 위해
		실망감, 섭섭함, 심리적 신체적 압박감	

B. 분노체험분석결과 종합

이 장에서는 연구참여자들에 의해 이루어진 각 집단의 체험분석결과를 여자집단(1집단, 2집단), 남자집단(3집단, 4집단) 별로 재검증하고 종합정리 하였다. 원자료를 기초로 본 연구자가 각 집단이 발견한 요인의 동질성과 차별성을 검토하여 이를 재분석, 정리하였고 2명의 다른 체험분석지도자들과 검증회기를 갖고 결과를 수정 보완하여 확증하는 절차를 가졌다. 그 결과로 우선 남녀 각각 2집단의 분석결과를 제시하고 남녀 간의 공통점과 차이점을 설명하면서 남녀 전체집단의 분노체험분석결과를 종합정리해 보기로 하겠다.

1. 여자 2집단의 분노체험분석결과 종합

분노유발 관련요인

<u>내 생각으로 이건 부당하다</u>:

1집단에서는 분노유발관련 공통요인으로 부당함을 들었고 이때의 부당함은 내 기준에서 벗어나는 것, 내 입장에서 볼 때 그래선 안 되는 행동이나 사건으로 정의하였다. 그리고 이 속에 포함될 수 있는 관련요인으로는 내기대에 어긋남, 무시, 실망, 이기심, 변덕, 부당함, 불공평, 억울함, 이해할 수 없는 태도, 좌절, 절대적 힘에 대한 원망, 자책감, 자신의 행동에 대한 실망이 포함되어 있는 것으로 나타났다.

2집단에서는 공통요인을 찾기보다는 짜증, 억울함, 부당함, 무시당함, 내생각과 다를 때 상대의 강요를 포함된 요인으로 들었는데 여기서 짜증은 분노자체를 말하며, 이하 억울함, 부당함, 무시당함, 상대의 강요는 1집단이 제시한 부당함의 하위범주에 속하는 것으로 보인다.

이러한 발견의 타당성을 각 사례별로 확인해 보면 다음과 같다. 괄호 안은 공동연구자 각 개인이 자기체험에서 발견하여 기록한 요인을 집단에서 검토하여 정리하고 이를 다시 본 연구자와 체험분석지도자들이 확인하면서 수정하고 보완한 것으로 각 사례에 포함되어 있는 요인이다. 그리고 화살표와 함께 기록한 내용은 본 연구자가 이를 설명한 글이다.

사례 *1-1*:
- 늘 같이 밥을 먹는 친구가 말도 없이 없어졌다. (기대에 어긋남)
- 나는 무시해도 되는 존재인가? (존재를 무시당함)
- 나를 이렇게 한 그 애에 대한 원망 (상대에 대한 실망)

==〉 늘 함께 밥을 먹던 친구가 말도 없이 없어진 것에 대해 무시당한 느낌. 당연히 나에 대해 배려해야 하는 친구가 이렇게 행동하는 것은 부당하다.

사례 *1-2*:
- 기가 막혀. 요즘 애들은 너무 쳑떡서니가 없다는 생각. 왜 자신 밖에 모르지. (이기심, 실망)

==〉 저녁을 안 먹은 친구의 샌드위치를 빼앗아 먹는 친구들, 그리고 내가 **는 밥을 안 먹었다고 한마디 했는데도 전혀 무신경하게 행동하는 것은 부당하다.

70

사례 *1-3*:
- 자기도 맨 날 깨끗한 척 하면서 오늘은 왜 저럴까? (**변덕**)
- 욕하지 말자고 한 사람이 누군데 (**실망, 배신감**)
- 뭐, 저래? (**부당함**)

==〉 갑자기 변덕을 부리고 뒤에서 내 욕을 하는 행동은 부당하다

사례 *1-4*
- 도대체 이게 뭔가? 어떻게 이런 행동을 할 수 있단 말인가?
- 방금 전 나와 싸웠기 때문에 또 괜한 곳에 화풀이를 하고 있는 거다.
- 내가 뭘 잘못했길래? 난 잘못한 것 없다.
- 엄마는 전화 오면 계속 한 시간이고 두 시간이고 하잖아. 그럼 또 그러겠지? 엄마하고 너하고 똑같냐고. 똑같지 똑같지 않을 건 또 뭐야? 항상 같은 일을 당해도 엄만 괜찮고 나만 나쁘지. 엄마 가 해도 괜찮은 걸 내가 하면 죽을죄를 진거지.
- 꼭 그렇게 표현해야 했던 건가?
- 정말 어이없다.
- 어떻게 그런 행동을 할 수 있지?
   (**불공평, 억울함, 상대의 이해할 수 없는 태도**)

==〉 엄마도 전화통화가 길면서 나한테만 야단을 치고, 게다가 친구 앞 에서 망신을 주었다. 그리고 엄마의 이런 태도는 방금 전 나와 싸 운 데 대한 분풀이 이다. 이 모든 엄마의 행동이 부당하다.

사례 *1-5*:
- 이렇게 입고 나온 게 아깝다 …… 내가 지금까지 얼마나 가슴 조 이며 이 날을 기다렸는데 (**기대에 어긋남, 좌절**)
- 선물 안 해도 된다면서 계속 물어봐? …… 내가 니 속을 모를 줄

싫어? (상대의 부당한 태도)
- 오 마이 갓. 내가 무슨 허가 많다구
(절대적 힘에 대한 원망, 부당함)

==〉멋진 상대를 꿈꾸며 나왔는데 자신에게 걸맞지 않는 상대가 감히
일방적 데이트 신청을 한데 대해 부당하다는 생각. 마음에 맞지
않는 상대가 선물에 대해 언급한 것도 부당하다.

사례 *1-6*:
- 병신 미쳤지. 미쳤어. 무슨 깡으로 그걸 다 쓰나?
(자책감, 자신의 행동에 대한 실망)
- 아까 계획적인 소비를 하겠다고 그렇게 다짐을 했으면서.
(자책감, 자신의 행동에 대한 실망)

==〉계획적인 소비를 다짐해 놓고 충동적으로 행동한 자신이 부당하다
고 느낌.

사례 *2-1*:
- 사오정 시리즈를 얘기하며 웃음 …… 근데 이모가 ……
(태도 돌변, 당혹)
- '너 듣자하니 공부 못한다고 하더라?' 하고 말한다. **(무시, 당황)**
- 반에서 *등 해서 서울에 있는 대학에 갈 수 있냐고 한다.
(내 변명에도 불구하고 계속 무시, 억울함)

==〉우스개 얘기를 하던 즐거운 분위기에서 갑자기 태도를 바꾸어 나
를 무시하고, 변명을 해도 일방적으로 깎아 내리는 것은 부당하다.

사례 2-2:
- 맹세코 난 10분도 안했는데. 정말 기가 막힌다. (억울)
- 자기가 뭘 안다고 야단이지! (상대의 부당한 태도)

==〉 난 10분밖에 통화를 안했는데도 아무 것도 모르면서 몰아세우는
    엄마의 행동이 부당하다.

사례 2-3:
- 학원가기 30분 전, TV를 보며 즐거워라 …… 학원선생님이 ……
  '학원이 5시부터란다' (내 계획에 차질 빚음, 짜증)
- 수업시간이 바뀌었으면 미리 말을 해줘야지 이럴 수는 없다고 생
  각 (부당함)
- 수업도 1시간이나 못 듣고 …… TV도 못보고 진짜 열 받는다
  (억울, 손해봄)

==〉 수업시간이 바뀌었는데도 미리 연락을 안 해주어 TV도 못보고 수
    업도 못 듣게 만든 학원강사의 처사가 부당하다.

사례 2-4:
- 의사가 성의 없이 치료를 한다. 값도 비싸다. 사기꾼 녀석들
  …… (상대에 대한 불만족, 직업인으로서의 부당한 태도)

==〉 의사가 비싼 값만 받고 성의 없이 진료를 하는 것에 대해 부당하
    다고 느낌.

사례 2-5:
- 오빠는 항상 밥을 먹고 치우지도 않은 채 나가서 집이 어질러져
  있다 …… 오빠는 항상 자신이 먹은 후 반찬 등을 안치우기 때문

이다. 그래서 항상 내가 치운다. (부당함, 억울함)

  ==〉 오빠는 남자라는 이유로 늘 자기가 먹은 반찬조차 안치우고 내가
       치우게 하는 것은 부당하다.

  그리고 이러한 부당함의 범주에 속해 있는 요인들은 다시 자신의 감정상
태와 타인의 태도에 대한 기술로 양분할 수 있는데 즉 상대의 태도나 사건
에서 부당함을 느끼는 요인으로는 상대가 기대에 어긋나게 행동함, 무시하
는 태도, 이기적 태도, 변덕, 부당 혹은 불공평한 태도, 이해하기 어려운 태
도, 자신을 좌절시키는 태도나 사건, 강요 등을 들 수 있으며, 부당함과 관
련된 자기 감정요인으로는 실망, 억울함, 원망감, 자책감, 좌절감 등을 들 수
있다. 그렇다면 이 두 가지 요인을 구분하여 설명하지는 않았으나 여자 청
소년들은 상대의 기대에 벗어나는 태도, 무시하는 태도, 이기적 태도, 변덕,
부당한 혹은 불공평한 태도, 이해할 수 없는 태도, 좌절을 안겨주는 태도에
대해 부당하다고 판단하고, 이러한 태도와 관련된 감정으로 실망, 억울함,
원망감, 자책감, 좌절감을 느끼게 되면서 분노를 체험하는 것이라는 가정이
가능하게 된다. 여기서 자책감을 느끼게 되는 상황은 타인으로 인한 부당함
과는 구분되는, 자신의 행동에서 느끼는 부당함과 관련되는 것으로 이해할
수 있다.
  여기서 여자 청소년들이 분노를 느끼게 되는 부당함은 객관적 이치에 비
추어 본 부당함이라기보다는 주관적 기대나 주관적 기준에 비추어 봤을 때
의 부당함임을 알 수 있다.

자존심이 상함:

  1집단에서는 분노유발과 관련된 공통요인 중에서 모든 분노는 아니지만
자신과 개인적으로 직접 연결된 상황에서 느끼는 분노에는 자존심이 공통

적으로 포함된다고 보았다. 즉 자존심은 나와 개인적으로 직접 연결된 상황이 아니면 (예, 버스에서 술이 취한 사람의 횡포로 화가 났을 때) 포함되지 않을 수도 있지만, 나와 개인적으로 직접 연결된 상황이면 대부분 포함된다는 것이다. 이러한 주장은 2집단의 사례에도 적용이 되는 것으로 보이는데 이를 각 사례를 통해 살펴보면 다음과 같다.

사례 1-1:
- 늘 같이 밥을 먹는 친구였는데 말도 없이 가버리다니 …… 나는 무시해도 되는 존재인가? (내 존재에 대한 무시)

사례 1-2:
- 내가 그렇게 쳐다보며 먹지 말라는 시선을 보내고 있는데 그렇게 눈치가 없을까; 친구들에게 한마디 했는데 친구들이 내 말은 들은 척도 하지 않고 행동하고 있다. (내 의견에 대한 무시)

사례 1-3:
- 내 자존심이 무너지는 느낌이 든다. (친구의 눈치를 봐야함)

사례 1-4:
- 내 체면은 어떻게 되며 또 그 애에게 비쳐진 엄마의 모습은 또 어떠할 것인가? (체면손상)

사례 1-5:
- 노래방에 가자니까 자긴 여자랑 노래방 안 간다구? …… 너 그럼 누구랑 노래방에 가냐? (거절당함)

사례 1-6:
- 이번 달도 빈대야. (다른 사람에게 신세짐)

사례 2-1:
- 이모가 반에서 *등 해서 서울에 있는 대학을 갈 수 있을 것 같으
  냔다 …… 근데 이모가 너네 언니 요즘 안 된다며? …… 꼭 우리
  언니가 대학에 당연히 떨어질 것 같이 얘기한다.
  (이모가 나와 언니 성적을 거론하며 자존심을 건드림)

사례 2-2:
자존심이 많이 상했다는 1-4와 비슷한 사례이나 자존심과 관련이 있
었는지 확인이 안 됨.

사례 2-3:
- 나를 뭐로 보고 연락 안 해 주나 무시당한 느낌.
  (함부로 취급받은 느낌)

사례2-4:
자존심과 관련성 여부 확인이 안 됨.

사례 2-5:
- 오빠는 항상 자신이 먹은 후 반찬 등을 잘 안치우기 때문이다.
  그래서 항상 내가 치운다. **(왜 늘 나만 치워야 하나. 여자의
  역할에 대한 회의, 자존심이 관련될 수 있을 것으로 보인다)**

  1집단 여학생 연구참여자들의 주장처럼 개인적으로 직접 연결된 분노상
황에서 느끼는 분노에 자존심 상함이 공통적으로 포함된 것인지 몇 사례에
서는 분명히 확인되지 않았으나 분노와 관련하여 매우 의미 있는 감정임을
알 수 있다. 여자 청소년들이 자존심상하는 것으로 느끼는 경우는 무시당함
(내 존재, 내 의견, 내 실력), 친구의 눈치를 봐야함, 체면손상, 거절, 신세짐
이 포함되는 것으로 나타났고, 자존심이 상하게 만드는 상황을 주관적으로

볼 때 다분히 부당한 것으로 인지될 가능성이 있다.

기타 분노에 포함된 요인들:

또한 분노유발을 부추기는 요인들로 발견된 것은 생리적 고통(배고픔: 사례 1-1, 피로: 2-5), 좌절 이전의 큰 기대(사례 1-5, 사례 2-1, 사례 2-3), 걱정스러움(사례 2-4)들로, 이러한 요인들이 주변자극─상대의 부당한 태도나 수용하기 어려운 감정들─을 더욱 부당한 것으로 인지하게 만드는 것으로 보인다. 2집단의 집단토론과정에서도 컨디션이 나쁠 때나 날씨의 영향으로 분노를 느낄 수도 있다고 보고하였다.

또한 분노체험 시 신체감각에 대한 보고는 1집단의 토론(3회기) 중 가슴 답답하고 경직되는 느낌이 가장 공통적이라고 제안하였으나 수집된 기록에서는 얼굴이 화끈거림(사례 1-1), 한숨, 노려봄, 얼굴이 굳어짐, 무표정, 속이 터질 것 같다. 체한 느낌(사례 1-2), 가슴 답답(사례 1-3), 가슴 철렁(사례 1-6), 노려봄(사례 2-2)으로 다양하게 표현되었으며, 나머지 사례들의 경우는 신체감각에 대해 언급하지 않았다. 이러한 결과는 청소년들이 체험보고 시 신체감각에는 관심을 두지 않은 결과로 보인다.

분노의 대상:

집단토론 결과 분노는 가까운 사람에 대해 많이 일어나는데, 그 이유는 분노도 편한 사람에게 내게 되고 가까운 사람에게 기대하는 게 많아서 더 화를 내게 된다는 설명이었다.

나와 가까운 사람에게는 기대에 어긋나는 게 허용이 잘 안되기 때문이라고 설명하였다. 1, 2집단에서는 대인관계상황(친밀한 관계, 사회적 관계), 개

인적 상황에 대한 분노만 수집되었을 뿐 사회적 상황에 대한 분노는 찾아
볼 수 없었다. 친밀한 관계에 속하는 사례가 8사례(친구 4, 어머니 2, 이모
1, 오빠 1)였으며, 그 밖에 사회적 관계에 속하는 사례가 2사례(수의사 1,
학원강사 1)였다. 그리고 개인내적 분노사례가 1사례였다.

분노처리와 관련된 요인:

대부분의 분노사례에서 분노해결 이전에 내현적 행동(계획, 상상, 판단;
심상, 표출되지 않은 행동이나 사고)으로 분노에 대처하고 있음이 나타났다.
구체적으로 살펴보면, 보복을 떠올리고(사례 1-1, 2-1), 노려보고(사례 1-2,
2-2), 속으로 항변하고(2-1, 2-2), 신경도 안 쓰고(2-2), 이대로 집으로 가버
리는 상상을 하고(사례 3), 따지는 상상을 하고(2-3, 2-4), 당장 고래고래
소리를 지르고 싶고(사례 1-4), 속으로 혹은 뒤에서 욕설을 퍼붓고(1-5,
2-4) 밟아버릴까 생각하고(사례 1-5), 자신에게 화를 내고 욕을 하기도(사
례 1-6) 한다. 그러나 이러한 내현적 행동 중에서 분노폭발충동(계획을 지
연하거나 상상하는 것이 아닌, 당장 행동화하고 싶은 충동)이 함축된 사례
는 2사례(1-3, 1-4)뿐이었다.
이러한 내현적 대처과정을 통해 일차적으로 분노의 일부를 해소하고, 자
신이 상정한 방법의 효율성을 평가하고, 분노를 어떻게 처리하는 것이 바람
직할 것인지 평가과정을 갖는 것으로 보인다. 그리고 이러한 평가과정은 분
노처리 방법을 결정하는 요인이 되는 것으로 보인다. 그 결과 판단을 내리
고 분노를 처리할 방향을 결정하는데 그러한 과정을 사례를 통해서 살펴보
면 다음과 같다. 여기서는 분노처리과정이 불분명한 사례 2-3은 제외하였다.

사례 *1-1:*
- 어쩌겠는가? 나에게 계속 미안하다고 하는 **에게 화가 풀리지는 않았지만 오해 때문에 그랬는데 계속 화를 낼 수가 없다 (**타협의 필요성**)

==〉결과, 친구와 애써 화해함으로써 상황을 호전시키고자 함.
- **에게 웃어보이며 괜찮다고 말한다. 나도 모르는 사이에 내가 화가 난 적이 있었는지 알 수가 없다.

화가 풀림(화가 풀리는 과정에서 자기표현과 친구의 오해라는 설명이 도움이 됨): **타협의 필요성 느낌**==〉**자기표현**==〉화가 풀림

사례 *1-2:*
- 마음속의 일을 얼굴로 드러내선 안 되는데 …… 이것이 너무 안 된다. (**생각의 전환**)
- 난 너무 비관적인 시선을 가진 것 같다. 그래서 저 치들이 그렇게 껄끄럽게 느껴질 수도 있다. 다수가 그렇게 하는데 …… (**자기반성**)
- 조금만 생각해도 머리가 아프다. 지겹다. 생각하지 말아야지 …… 내가 싫어한다고 하지 않을 것도 아니고 …… (**타협의 필요성**)
- 이미지관리를 위해서였다 (**타협의 필요성**)

==〉결과, 화나는 상황을 회피하는 쪽으로 결정.
- 이젠 이런 일에 신경 끄고 살아야 겠어 …… 차라리 내가 그 모습을 안보는 게 낫지.

생각의 전환, 자기반성, 타협의 필요성==〉분노상황 회피, 참음, 분노억제
==〉분노 남음

사례 1-3:
- 하지만 내가 돌아가면 사태는 더욱 심각해진다는 걸 느낄 수 있다. (상황판단)

결과, 참기로 결심.
- 난 오늘 그냥 참기로 한다. …… 뒷골이 땡기면서 주먹이 쥐어진다. 한숨. 속이 끓었지만 난 대답을 한다. 억지로 웃는다. …… 이러는 내가 한심하다.

상황판단==〉분노억제==〉자기비하. 한숨. 분노 남음

사례 1-4:
- 고래고래 소리를 지르면 …… 얼마 날 때릴 걸? (상황판단)
- 정말 생각하면 할수록 열 받네. 하지만 이렇게 열 받아도 난 아무 말도 할 수 없다 …… 거 되게 서럽네 (상황판단)

결과, 억지로 잠을 청한다. 분노상황회피, 분노 억제
- 언제나처럼 난 그냥 또 잘 준비를 하자. 자고 싶다 …… 자면서 모든 걸 잊어버릴 수 있을 거라 생각한다. …… 내 자신에게 최면을 건다. …… 졸음이 온다. …… 모든 걸 다 잊을 수 있을 거라고.

자신에게 불리하고 어쩔 수 없는 상황에 대한 판단==〉분노상황회피, 분노억제==〉분노 남음

사례 1-5:
- 애들이나 만나야겠다. (새로운 계획)
- 처음 본 사람이니까 나쁘게 보이진 말자. (이미지 관리)
- 이왕이면 기분 좋게 끝내야지. (긍정적인 결말 추구)

결과, 새로운 계획만으로도 기분이 한결 좋아짐.
- 이런 생각하니까 기분이 훨씬 좋아진다

분노를 해소할 계획 생각==〉 자기위안==〉 잘 될 것 같은 느낌, 그러나
분노가 완전해소 된 것으로 보이지는 않음.

사례 1-6 :
- 이왕 다 써버런 거 내가 짜증내면 엄마 아빠한테 야단이나 맞겠
지? (상황판단)

결과, 분노를 삭히고 문제해결을 시간에 맡기면서 마음을 가볍게 가지려 함.
- 차라리 포기하고 시간에 맡겨보자. 시간이 해결해 주겠지.

상황판단==〉 문제를 덮어놓음==〉 걱정반, 안도반.

사례 2-1 :
- 윗사람이므로 ……(상황판단)

결과, 속으로 욕하고 언니하고 같이 욕하며 지금은 참자고 다짐.
- 나중에 커서 누가 더 성공하는지 두고 볼 테다. …… 커서도 잘
한다는 보장은 없으니까.

상황판단==〉 간접적인 공격, 반격을 지연시킴==〉 풀리지 않음.

사례 2-2 :
- 엄마한테 화내면 상황이 더 나빠진(상황판단)

결과, 못들은 척 버티다가 잠을 청함, 분노회피, 분노억제
  - 당장 전화를 끊고 내 방으로 가 불을 끄고 잖이나 자야지.

상황판단==> 분노상황회피, 분노억제==> 분노 남음

  - 이후 짜증을 내며 행동하다 선풍기를 망가뜨려 엄마가 괜찮냐고
    하자 배려 받은 느낌으로 인해 화가 조금 풀림.

사고가 수동적 공격으로 작용했을 가능성==> 배려 받음==> 조금 풀림

  사례 2-4:
  - 화내며 따지고 싶지만 날 상대 안할 것 같음 (상황판단)

결과, 참기로 하고, 간접적인 공격방법을 다짐함.
  - 다시는 그 병원에 가지 않기로 다짐

직접적인 공격이 실효를 거둘 것 같지 않다는 판단==> 수동적인 공격방법
선택

  사례 2-5:
  - 오빠에 대한 이해. 고3이니까 피곤할거다 (양보, 합리화)
  - 오빠한테 화내도 그때뿐이고 다음에 또 그런다. 오빠한테 공격을
    해도 이길 수 없다. (상황판단)

결과, 오빠를 공격하기보다는 피곤을 핑계로 반찬을 치우지 않고 그냥 자
버림.

어쩔 수 없다는 판단==> 상황회피

여학생들은 대부분 분노를 직접 표출하기보다는 자기심상과 내적 언어를 통해 일차적으로 처리하고, 그 다음 인지적 평가과정을 가지며 분노를 어떻게 처리하는 것이 좋은지 전략을 세우는 것으로 나타났다. 그리고 자기표현을 한 사례 1-1을 제외하고는 모두 분노를 억제하고 참고, 회피하거나 수동 공격하는 쪽으로 결론을 내렸다. 또한 분노를 삭히기 위해 잠을 자거나 친구들과 놀거리를 만들어서 해결하려는 시도를 하고 있다. 이런 식의 분노억제의 결과 대부분의 사례에서 분노가 풀리지 않고 쌓이거나 남아 있게 되는 것으로 보인다.

분노처리과정에서의 공격행동과 비공격행동:

여학생들이 집단과정 중에 보고한 사례에서는 대부분 비공격적인 행동을 취하거나 수동적 공격행동을 취한 것으로 나타나 있는데, 분노처리에서 공격행동과 비공격 행동을 결정짓는 요인이 무엇인지에 대한 집단토론결과, 그 차이를 결정짓는 것은 행동결과에 대한 판단임이 밝혀졌다.

1집단의 공동연구자들은 이것을 '得'이라고 표현하였다. 즉 분노는 공격행동을 취했을 경우, 자신에게 득이 되느냐 아니냐에 달려 있는데 그 기준은 공격행동을 취해도 손해가 적을 사람, 공격행동 결과 득이 될 것이라는 판단이라는 것이다.

1집단에서 그 기준으로 제시된 것을 나열하면 다음과 같다.

첫째, 상대가 공격행동을 취해서 손해가 적을 사람(나를 받아줄 사람, 낯선 사람, 두 번 다시 안볼 사람), 혹은 공격해서 내가 이길 수 있는 사람으로 판단되면, 공격행동을 취할 가능성이 많아진다. 반대로 이길 수 없는 상대, 싸워서는 안 되는 상대에게는 화를 내지 않고 참을 가능성이 많아진다.

둘째, 공격행동에 따른 후유증이 있을지라도 일단 터트리는 게 내 속이 편할 정도로 분노가 차오르면 공격행동을 취하게 된다. 그러나 대부분 후유증이 두려워서 공격행동을 억제하게 된다.

셋째, 일부러 어떤 사람이 귀찮아서 떼어 버리려고 할 때 공격행동을 한다.

넷째, 화가 날 때마다 화를 내지 않는 중요한 이유는 나의 이미지관리를 위해서이다.

다섯째, 화를 안내고 넘어갔던 상황에 대해서 간혹 나중에 후회할 때에도 결국은 이득과 관련된다는 것이다. 예를 들면, 화를 내지 않은 게 계속 억울해서 터트린 게 나을 뻔했다는 판단으로, 화를 낸 게 상대가 나를 이해하는 데 도움이 되었을 것이라는 뒤늦은 판단, 혹은 변화의 계기가 될 수도 있었을 텐데 하는 판단 때문이다. 이러한 공동연구자들의 발견을 사례를 통해 재검증해 보기로 한다.

> 늘 같이 밥을 먹는 친구에게 화가 났지만 친구가 오해라고 설명하고, 자신도 적절한 자기표현을 하였기 때문에 분노가 해소되었다. 자칫 그 변명을 안받아주고 화를 내면 그 친구를 잃을까봐 걱정하는 판단도 있었다. (1-1)
>
> 계속 화가 난 얼굴로 있으면 안 될 것 같고, 내 몸과 마음만 지치지 내가 싫어한다고 애들이 하지 않을 것도 아니지 않는가, 그리고 무엇보다 이미지 관리를 해야 한다 하는 판단의 결과이다. 즉 화내는 게 득이 될 게 없다는 생각. (1-2)
>
> 내가 돌아가면 사태는 더욱 심각해진다. 오늘 친구네 모여 놀기로 한 날이니까 그냥 참아주기로 하자. (1-3)
>
> 내가 고래고래 소리를 지르면 엄마한테 맞고 심한 말을 듣게 될 거다. 그냥 참을 수밖에 화내봤자 득 될 게 없다. (1-4)
>
> 이미지관리, 처음 본 남자한테 나쁘게 보일 이유 없다. 그냥 기분 좋게 헤어지자. (1-5)
>
> 이미 쓴 돈 화낸다고 해결되나? 부모님께 짜증 부렸다가는 나만 야단맞는다. 시간에 맡겨보자. (1-6)

2집단에서도 공격을 회피하는 데는 내가 화를 내도 되는 상황인지(상황판단), 화낸 후 일이 커지면 안 되니까(화낸 후 결과), 화를 내도 되는 상대인지(상대)가 중요하다고 하였고, 특히 상대가 만만해야 공격행동이 나온다는 것을 강조하였다. 그리고 관련된 예로, 가장 편하고 만만한 형제들과 싸움이 잦다는 것을 들었다. 공격이 가져다주는 이득(스트레스를 푼다; 2-1, 공격 후 통쾌했다; 2-5, 때로는 화를 낼 때 우월감을 느낀다)도 결정요인이 된다는 데 일치하고 있다.

2. 남자 2집단의 분노체험분석결과 종합

분노유발 관련요인

3집단은 분노유발의 공통요인으로 억울함을 들었고 억울함을 항변할 수 없는 대상에게 지적당할 때 느끼는 감정이라고 하였다. 그리고 하위요인으로는 배신감, 섭섭함, 무시당함, 비교당함, 놀림, 의심을 들었다.

4집단은 분노유발의 공통요인으로 부당함, 심리적인 압박감, 억울함을 들었고 억울함은 오해에서 비롯되는데 가까운 사람으로부터의 오해는 어떻게든 풀 수 있지만 모르는 사람의 경우는 방법이 없다고 설명하였다.

이러한 결과를 재분석해 보면 결국 이들이 억울함이나 심리적 압박감으로 설명한 감정은 부당한 처사로 인해 생기는 감정을 말하며 다만 상대에 따라 항변하기 어려운 경우 더 심하게 느끼는 것으로 판단된다. "억울하다"는 느낌의 사전적 의미(민중서림, 1998)는 "억제를 받아 답답하다, 애먼 일을 당하여 원통하고 가슴이 답답하다"는 것으로 바로 부당함에 수반되는 감정인 것이다. 따라서 남자 집단에서 찾아낸 공통요인도 결국은 부당함이라는 결론이 가능하다. 이러한 결론을 3, 4집단의 사례를 통해 살펴보기로 하겠다.

<u>내 생각으로 이건 부당하다</u>:

사례 *3-1*:

- **와 이야기를 하는데 &&이 옆에 와서 …… 터무니없는 욕설을 함.

  (상대의 언어공격, 터무니없음 = 부당함)

사례 *3-2*:

- **가 볼펜으로 옆구리를 쿡쿡 찌르네. "대가리는 남성만한 게 키

  는 멸대 같이 커가지고 ……"라고 떠벌리면서 계속 찌르는 거야.

  (일방적인 신체적, 언어적 공격 = 부당함)

사례 *3-3*:

- 난 마음이 내키지 않아서 싫다고 했는데도 **은 &&에게 장난을

  쳤어. 그런데 이게 웬일이야. &&은 나한테 화를 내는 게 아닌가.

  난 장난 안쳤는데 …… (오해 = 부당함)

- &&는 날 의심하네. 난 억울해. 장난 친 **에게도 화나지만 &&가

  날 의심하는 게 더 화가 나. 나 같으면 &&을 멀었을 텐데 ……

  (의심 = 부당함)

사례 *3-4*:

- 동생의 시험공부를 도와주려고 들어갔는데 놀고 있는 동생을 보

  니 화가 난다.

  (걱정스러움, 시험 때 놀고 있다는 건 부당하다.)

- 공부시키려고 앉으라고 하니까 다 했다는 거다. (거짓말)

- 그래서 뒤통수를 때렸는데 잘 하고 있는 애를 왜 때리냐고 대든다.

  (동생에게 보여준 관심이 무시당함. 만만한 동생의 공격)

- 놀고 있는 것을 확실히 봤는데 거짓말까지 하네.

  (거짓말, 실망)

==〉 나는 형으로서 걱정이 되서 공부시키려고 하는데 거짓말에 대들기 까지 한다. 관심을 몰라주고 공격까지 하는 건 부당하다.

사례 3-5:
- 선생님이 우리 둘을 뒤로 보낸 거야. 우리도 물론 떠들었지만 다 른 애들도 다같이 떠들었는데 왜 우리만 걸린 거야.
(공평치 못함＝부당함)

사례 3-6:
- 엄마의 편지 '실망이다. **는 어떻다더라'라면서 나를 비난한다. 시험 못 보면 스스로에게 화가 나는데 엄마는 나를 위로해 주기 는커녕 …… (비난, 비교, 나를 이해 못함＝부당함)

사례 3-7:
- 나는 **와 게임하는 게 싫은데(항상 압승하게 하고 잘못하는 애 들한테 너무 심하게 하기 때문) 자꾸 같이 하자고 한다.
(하기 싫은데도 해야 함, 억지＝부당함)
- 아니나 다를까? 역시 압승하게만 하네. (부당한 태도)
- 어쩔 수 없이 같이 하는데 정말 화가 나. (억지＝부당함)

사례 4-1:
- 친구에게 여자를 소개받기로 해서 …… 바지도 사고 …… 약속도 모두 펑크 내고 …… 그런데 …… 여자애가 나오지 못한다는 것 이다. …… 모두 헛게 되어버렸다.
(무례함, 무시, 자존심 상함, 좌절)

==〉 모든 게 헛수고가 되게 만들고는 일방적으로 바람맞힌 행동은 부 당하다.

- 통근시간이 너무 이르잖아. 내가 어린앤가. 그럴 사정이 있었는
데 멀어주지도 않고 도대체 날 이해해준 적이 한번도 없다. 게다
가 욕까지 하다니 ……
  (부적절한 대우, 몰이해, 언어공격 = 부당하다)

사례 4-2:
- 아빠가 들어오더니 (컴퓨터) 전원을 딱 껐다.
  (일방적 태도, 사생활 무시 = 부당함)
- 아빠 왜 공부 안 해? 손 잘리고 싶어 하고 협박하신다.
  (언어폭력 = 부당함)

사례 4-3:
- (동아리 발표회 출연을 위해 연습할 갔는데 선배가 야단침) 왜
  혼자만 오냐고 화를 낸다. 아무도 없어서 나 혼자 온 건데 ……
  내 말은 안 듣고 무슨 소리야. (일방적 공격 = 부당함)

==〉 착실히 나온 나한테 화를 내다니 부당하다.

　　남자 청소년의 경우 부당함의 범주에 속하는 하위요인들은 상대의 신체
적 언어적 공격, 터무니없는 태도, 오해, 의심, 거짓말, 무시 혹은 부적절한
대우, 불공평한 대우, 비난, 비교, 상대의 몰이해, 억지 혹은 일방적 태도, 무
례함 등이었다. 분노와 관련된 감정요인으로는 억울함이 지배적이었으며,
실망, 야속함, 좌절감, 약오름, 섭섭함이 포함되어 있었다. 또한 전체 10사례
중 6사례(3-1, 3-2, 3-4, 4-1, 4-2, 4-3)가 상대로부터의 언어적, 혹은 신체적
공격으로 인해 분노하게 되었음이 발견되었는데 이는 남자 청소년들이 공
격에 노출되는 빈도가 잦아서인지, 공격이 분노의 주요 원인이 되는지는 분
명치 않다. 3집단에서의 집단토론에서도 신체공격이나 언어폭력이 분노의
주요원인이라고 청소년들은 지적한 바 있다.

88

남자 청소년 집단에서는 특이하게 다른 사람이 부당한 대우를 받을 때의 분노에 대해 언급한 내용이 포함되어 있는데 그가 부당한 대우를 받는 자체보다 분노를 느끼게 되는 것은 자신이 아무 도움을 줄 수 없어서라고 설명하고 있다. 이러한 논의는 3, 4집단 모두에게서 발견이 되는 데 아무 도움이 안 되는 것은 "그 공격자가 나보다 크고 무섭기 때문에 가만히 있는 게 나에게 도움이 되기 때문"(3집단 집단과정 요약 참조)이고, "때리는 애들이 덩치가 크기 때문에 그럴 수도 없지만 ……"이라는 설명이다(4집단 집단과정 요약 참조). 그렇다면 그들의 정의롭지 못한 행동에 대한 분노일 뿐 아니라 자신의 무능에 대한 분노일 것으로 보여진다.

기타 분노에 포함된 요인들:

또한 분노유발을 부추기는 요인들로는 걱정스러움(3-4, 3-6), 기대감(위로를 기대: 3-6, 멋진 데이트를 기대: 4-1) 등이었으며, 집단과정 중 토론(3집단)에서는 힘들고 지쳤을 때, 짜증나 있을 때 더 화를 내게 되며 만약 컨디션이 좋고 친구가 관련된 일이면 좋게 넘어갈 수도 있다고 했다.

분노체험 시 신체감각에 대한 보고는 사례 3-1과 4-3 만이 주먹을 쥐고, 얼굴이 붉어짐을 느꼈다고 보고했을 뿐이다. 이는 여자 청소년 집단과 마찬가지로 신체감각에 대해 주의를 기울이지 않은 결과로 보인다.

분노의 대상:

3, 4집단에서는 보고된 모든 사례가 비교적 친밀한 관계로 볼 수 있는 대인관계상황에서의 분노체험이었다. 즉 친구가 6사례, 아버지가 2사례, 동생, 선배, 어머니가 각각 1사례였다(중복사례 4-1 포함). 여자집단에서와 마찬가지로 분노는 보다 밀접한 관계, 기대가 많은 관계에서 더 많이 체험하는

정서라는 설명이 가능할 것이다.

분노처리와 관련된 요인:

여자집단에서와 마찬가지로 남자 청소년들도 분노처리 이전에 내현적 행동을 통해 일차적으로 분노의 일부를 해소하고, 자신이 상정한 방법의 효율성을 평가해 보는 인지과정을 갖는 것을 알 수 있다.

내현적 분노대처의 예를 들면, 속으로 공격을 한다:

> 저걸 확 때려버릴까? (사례 3-1), 나도 콱 찌르고 싶다. 대가리라고 나쁜 놈 (3-2), 맘 같아선 확 패주고 싶지 …… (사례 3-4), 전화번호를 알 안내서 따질까? 연결해 준 친구한테도 뭐라고 좀 해줘야겠다. (4-1)

속으로 반항을 한다:

> 다른 애들도 다 떠들었잖아요. 소리치고 싶다. 그냥 나가 버릴까? (사례 3-5), 다시는 성적표 보여주지 말아야지. 다시는 엄마하고 말하지 말아야지 (사례 3-6), 쳐보려면 치려지. 통금이 너무 이르잖아. 내가 어린앤가? (4-1), (아빠에게) 내 말은 안 듣고 무슨 소리야? (4-3)

속으로 비난을 한다:

> 서로 맞는 친구가 아니다. 서로 맞는 친구를 만났으면 좋겠어. (사례 3-3), 지가 얼마나 잘하나 두고 보겠어. (사례 3-4), 그렇게 비난하지만 말고 좀 위로해 주세요. (사례 3-6), 역시 나쁜 놈이야. (3-7), 여자고 뭐고 펑크 내는 애는 만나지 말아야지 …… 그런 애를 소개하다니, 나를 어떻게 보고 정말 욕이라도 해주고 싶다. (4-1)

신체화 증세를 경험한다:

머칠 듯이 머리가 아프기 시작한다. (사례 4-2)

분노폭발 충동이 함축된 사례:

남학생의 내현적 분노대처과정에서는 분노폭발충동(당장 행동화하고 싶은 충동)으로 판단되는 위기적 요소를 포함하고 있는 사례가 7사례나 발견되었다.

저걸 확 때려 버릴까? (사례 3-1), 나도 칵 찌르고 싶다 (사례 3-2), 확 패주고 싶다 (3-4), 그냥 나가 버릴까? (3-5), 쳐보라면 치라지 (4-1), 분노가 겹쳐서 머칠 듯이 머리가 아프기 시작(4-2), 내맘 묵을 먹다니 정말 멉다. 모두에게 욕하고 싶다 (4-3)

이러한 내현적 분노대처를 포함하여 남학생들의 분노체험기록에 나타난 분노처리와 관련된 인지과정을 사례를 통해서 살펴보면 다음과 같다.

사례 3-1:
- 저걸 확 때려 버릴까? 하지만 그냥 무시하고 …… 화난 걸 알았겠지. 같이 욕하면 나도 똑같으니까 피함. (생각의 전환)

결과, 무시하고 교실로 들어감. 회피.

분노폭발 충동==〉생각의 전환==〉회피==〉분노 남음 혹은 쌓임

사례 3-2:
- 나도 락 찌르고 싶다. 하지만 **는 힘도 센데. 저번에는 ##도 당했는걸. 괜히 대들면 더 찌들지도 몰라. *(상황판단)*

결과. 그냥 일어서서 화장실에 간다. 회피.

분노폭발 충동==〉 상황판단==〉 회피==〉 분노 남음 혹은 쌓임

사례 3-3:
- 서로 맞는 친구가 아니다. 서로 맞는 친구를 만났으면 좋겠어. *(상황판단; 기대를 접음)*

결과, &&에게 말도 안하고 그냥 교실 밖으로 나온다. 다시는 얘기 안하겠다고 다짐.

기대를 접음==〉 회피, 수동적 공격을 계획 함==〉 분노 남음 혹은 쌓임

사례 3-4:
- 락 패주고 싶지만 엄마한테 혼날까봐. 그러면 안 되겠지. *(상황판단)*
- 시험기간인데 내가 참아야지. *(상황판단)*

결과, 참기로 결정한다.

분노폭발 충동==〉 상황판단==〉 참음==〉 분노 남음 혹은 쌓임

사례 3-5:
- 그냥 나가 버릴까? 너무 화난다. 왜 우리만 …… 그럴 순 없지.
  선생님인데 더 혼날라. (상황판단)

결과, 그냥 참기로 함.

분노폭발 충동==〉상황판단==〉참음==〉분노 남음 혹은 쌓임

사례 3-6:
- 다시는 엄마하고 말하지 말아야지 …… 엄마가 결국은 나를 위해
  서 하는 말일 거야. 화를 풀어야지 (상대에 대한 이해)

결과, 어머니를 이해하기로 하고 분노를 삭인다.

상대에 대한 이해==〉분노 삭임

사례 3-7:
- 역시 **는 나쁜 놈이야. 절대 같이 하지 말아야지. (계획)

결과, 다시는 상대를 안 하기로 결심.

수동적 공격(상대 안함)을 계획==〉분노 쌓임==〉회피

사례 4-1:
첫 번째 사례;
- 나를 어떻게 보고 정말 목이라도 해주고 싶다. 다른 여자후배를
  만나야겠다. (분노를 해소할 계획)
- 집에다 친구생일이라고 했는데 그냥 들어가면 안돼. (상황판단)

결과, 다른 여자후배를 만나기로 함.

분노를 해소할 계획, 상황판단= =〉 친구 만남

두 번째 사례:
- 쳐보려면 치라지, ⋯⋯ 아버지니까 그냥 참음. (타협의 필요성)

결과, 화내며 공부 안하고 그냥 자버림.

분노폭발충동= =〉 타협의 필요성= =〉 공부 안하고 그냥 자버림(수동적 공격)= =〉 분노 쌓임

사례 4-2:
- 분노가 겹쳐서 미칠 듯이 머리가 아프기 시작 (신체화)
- 그리고 '공부 왜 해야 되요?'라고 소리 지르고 뛰쳐나옴. (소극적 공격, 회피)

결과, 뛰어나와서 오락실에 있는 펀칭머신을 아빠 얼굴이라고 생각하고 때리는 것으로 분노 해소하고자 함. (대치공격행동) 그거라도 없었다면 그때의 나를 예측할 수 없었을 거라고 기술함.

분노폭발충동= =〉 신체화, 소극적 공격, 회피= =〉 기물에 대한 공격으로 대치= =〉 분노가 다소 풀림

사례 4-3:
- 내가 욕을 먹다니 ⋯⋯ 모두에게 욕하고 싶다. 선배에게 직접 하
  는 못냄 (상황판단, 타협)

결과, 같은 기 여자친구에게 소리 지르고, 그 애가 울고 나간 뒤 다른 여자애에게도 소리를 지름. (대치공격행동)

분노폭발충동= =〉 상황판단, 타협= =〉 대치공격행동

남학생들도 여학생과 마찬가지로 분노를 내현적 행동을 통해 일차적으로 처리하고 그 다음 인지적 평가과정을 거쳐 분노처리전략을 세우는 것으로 나타났다. 그러나 내현적 행동과정 중에서 타협이나 이해, 회피 이전에 강도 높은 내적 행동화(acting out)를 경험하게 됨을 알 수 있다. 즉 강한 분노폭발충동을 경험하고, 이를 내적 행동화로 일부 처리한 후 분노를 참거나(3-4), 회피하거나(3-1, 3-2, 3-3, 3-7), 대치할 계획을 세우게 된다(4-1 첫 번째 사례). 그런가 하면 분노폭발사례는 없었으나 수동적이거나 소극적 공격(4-1 두 번째 사례, 4-2)을 하거나, 신체화 증세를 경험하고(4-2), 위협이 적은 다른 대상자에게 공격을 가하기도 하였다(4-2: 기물, 4-3; 다른 사람). 이런 식의 분노처리방식은 남학생들로 하여금 분노가 남거나 쌓이게 한다.

분노처리과정에서의 공격행동과 비공격행동:

분노처리과정에서 공격행동을 하는 데 포함된 요인으로 3집단에서는 자신의 신체를 먼저 공격하거나 언어적인 폭력을 쓰는 경우로 설명하고 있고, 특히 거짓말을 하거나 놀릴 때, 무시당하는 느낌이 들 때 화풀이 대상이 만만하게 보일 때 자신의 스트레스를 풀만한 상대에게 공격을 한다고 제시하였다. 그리고 이런 행동은 부당하기 때문이라고 설명하였는데 이를 다시 정리해 보면 남학생들은 공격하거나 언어적인 폭력을 당했을 때, 또는 부당한 것으로 판단되어 억울함의 강도가 클 때 공격으로 가게 된다는 것을 표현하고 있는 것으로 보인다. 그리고 3집단에서도 역시 상대가 만만해 보이면 공격행동을 가할 가능성이 크고, 상대가 나보다 강하면 분노를 느끼지만 공격행동을 자제하는 것으로 표현하고 있다.

4집단에서는 분노처리과정에서 공격행동으로 가게 되는 공통요인을 신체적인 보호나 득, 참을 수 있는 한도를 넘는 분노를 느낄 때, 그리고 후련함을 느끼기 위해서라고 제시하였다. 4집단의 분노체험기록에서도 공격을 가해도 좋은 대상, 위협이 적은 대상에 대해 공격행동을 가하게 된다는 설명을 뒷받침하고 있는데, 사례 3-2(힘센 친구), 사례 3-4(엄마한테 혼날까봐), 사례 3-5(선생님), 사례 4-1 두 번째 사례(아버지), 사례 4-2(아버지), 사례 4-3(선배)은 분노를 억제하거나 분노폭발충동을 느끼면서도 단지 수동적 혹은 소극적 공격으로 처리하고, 또는 위협이 없는 혹은 적은 대상자에게 공격을 가하는 식으로 처리하였는데 모두 상대로부터의 위협, 상대가 강자라는 점 때문에 소극적인 분노처리방식을 택하고 있는 것으로 나타났다. 토론 과정 중에도 '친구와의 관계를 생각해서 항의하지 않고 넘어갈 수 있다'고 관계를 강조하였다.

또 다른 공격행동유발 요인으로는 '주체하지 못할 정도로 화가 남', '압박감의 폭발'이라는 것을 들었는데 너무 화가 나면 주체할 수 없어서 폭발하는 식의 공격을 하게 된다는 것이다. 이런 폭발은 평소 쌓였던 감정들의 누적으로 오는 것이라는 설명이었다.

이외에도 스트레스 해소를 위해, 자기과시를 위해, 상대에게 이렇다는 것을 보여주기 위해 목숨 걸고 덤비는 경우가 있다고 하였다.

4집단에서도 나에 대한 신체적 언어적 폭력이 가해질 때도 공격행동이 나오게 된다는 설명도 덧붙여졌다.

남학생들 역시 공격행동에 대한 결과가 중요한 요인이 되는 것을 알 수 있다. 즉 대상자가 자기보다 약자여서 반격에 대한 두려움이 없을 때, 스트레스 해소, 자기과시에 도움이 되는 것으로 판단되는 상황에서 공격행동을 하게 된다는 것이다. 그 외에 남학생들은 주체하기 힘들 정도로 분노를 느낄 때 공격행동을 가하게 된다는 것을 주장했고, 상대가 먼저 신체적으로나 언어적으로 폭력을 가해올 때도 공격행동 가능성이 높아진다고 했는데 이는 남학생은 공격에 노출되는 경우가 많고 공격에 대한 분노폭발충동도 자주 경험하기 때문으로 가정할 수 있을 것이다. 즉 상대가 언어적, 신체적 폭력을 가할 때 강한 공격충동을 느끼며, 강한 공격충동이 주체할 수 없는 정도에 이르면 공격행동을 가하게 되는 것으로 정리할 수 있을 것이다.

3. 전체집단의 분노체험분석결과 종합

분노유발 관련요인

청소년들이 분노를 경험하는 데 포함된 공통요인은 부당함인 것으로 나타났다. 여기서의 부당함이란, 내 기준에 벗어나는 것, 내 입장에서 볼 때 그래선 안 되는 행동이나 사건으로 주관적 기대, 주관적 기준에서 벗어나는 것을 의미한다.

청소년들이 타인과의 관계에서 부당하다고 느끼게 만드는 요인은,

공격: 신체적, 언어적 공격, 비난

부적절하게 취급당함: 무시, 무례함, 부당 혹은 불공평한 태도나 대우

상대의 부적절한 태도: 변덕, 기대를 저버림, 터무니없고 종잡을 수 없는 태도, 상대의 몰이해

상대의 일방적인 태도: 억지, 강요, 일방적 태도

자신을 좌절시키는 타인의 태도나 사건 등이다.

이 중에서도 남학생들은 특히 공격을 분노유발요인으로 강조했다.

자신의 무능함, 혹은 자책이 분노를 일으키기도 한다는 것이다. 자신의 무능이나 실수도 부당함으로 간주될 수 있는데, 여학생 중 1명(1-6)이 자신

의 절제하지 못하는 태도 때문에 경험한 분노를 보고하였고, 남학생 집단에서는 토론 과정에서 타인이 부당한 대접을 받는데도 자신이 아무 도움을 줄 수 없을 때에도 분노를 느끼게 된다고 제시하였다.

그리고 분노로 연결되는 감정으로는, 자존심이 상함, 실망, 원망감(또는 야속함), 자책감, 좌절감, 약오름, 섭섭함을 들었는데 남학생은 억울함을 특히 강조하였고, 여학생은 자존심이 상함을 특히 강조하였다.

기타 분노에 포함된 요인들

분노는 분노자극뿐 아니라 그 당시의 심리적, 생리적 상태, 혹은 환경조건에 의해 영향 받는다는 것을 알 수 있는데, 본 연구에서는 이전의 큰 기대감, 걱정스러움과 같은 심리적 요인, 배고픔, 피로와 같은 생리적 요인이 남녀집단 모두에서 보고되었으며, 날씨의 영향도 받는 것으로 보고하였다.

남녀집단 모두 분노체험 시 느끼는 신체감각에 대해서는 보고하지 않은 사례가 많았다. 그래서 공통적으로 느끼는 신체감각에 대한 결론을 내리는 것은 무리이나 가슴과 얼굴을 통해 느끼는 감각이 가장 많았다. 즉 체한 느낌, 가슴 답답, 가슴 철렁, 얼굴이 붉어지거나 화끈거림, 한숨, 노려봄, 얼굴이 굳어짐, 무표정 등을 보고하였다.

분노의 대상

짧은 기간이었으나 청소년들이 보고한 분노는 대부분 대인관계상황에 대한 분노였고, 개인내적 상황 1사례, 사회적 관계상황 2사례가 포함되어 있을 뿐이다. 분노대상은 성차에 관계없이 가까운 사람이 대부분이었다. 특히 1집단의 토론 결과 분노는 가까운 사람과 더 많이 접하며 살고, 더 많은 기대를 걸기 때문에 가까운 사람과 더 많이 경험하는 정서라는 설명이었다.

실제 보고된 사례도 중복된 사례를 포함하여(4-1) 친구 10사례, 어머니 3사례, 아버지 2사례, 형제 2사례, 선배, 학교교사, 학원강사, 수의사, 자기자신 각 1사례로 친구, 어머니, 아버지, 형제 등 친밀한 관계에 있는 사람들과의 분노가 대부분이었다.

분노처리와 관련된 요인

남녀청소년 모두 분노를 느끼면 내현적 행동을 통해 분노를 일차적으로 터트리고 자신이 떠올린 분노행동이 적절한지, 분노를 어떻게 처리하는 게 바람직할지 평가를 한 후 분노처리방법을 결정하는 것으로 나타났다. 내현적 행동의 대부분은 공격(공격, 반항, 보복, 비평, 분노폭발)이거나 공격에 대한 상상인 것으로 나타났다. 특히 남학생들은 분노폭발충동을 경험하는 일이 많음을 알 수 있고 그만큼 내현적 행동도 여학생에 비해 공격적인 것으로 나타났다. 여학생 중에는 상황회피와 같이 수동적 공격을 상상하는 경우도 있었다. 그 결과 남녀학생 모두 분노를 억제하는 경우가 많았으며, 남학생 중에는 수동적이거나 소극적인 공격을 나타내는 경우가 있었고 여학생들은 분노를 억제하거나 참고 회피하는 경우가 많았다.

분노처리과정에서의 공격행동과 비공격행동

남녀학생 모두 공격행동 결과에 대한 판단이 분노처리과정에서 공격행동 혹은 비공격 행동을 가름하는 기준인 것으로 드러났다.

특히 상대가 자신보다 강하거나 어른일 때는 비공격적 행동 즉 참거나 회피를 하고, 참을 수 없는 상태에서만 간혹 수동적 공격을 가하거나 공격할 대치물 혹은 대치인물에 대해 공격을 하는 것으로 나타났다. 반면에 상대가 자신보다 약하거나 자신을 받아줄 사람, 자신에게 손해를 덜 입힐 사람에 대해서는 공격적 행동을 취하기도 하고, 혹은 이들을 다른 데서 유발된 분노를 해결하기 위한 희생물로 삼는 경우도 있었다.

또한 공격행동이 어떤 이득을 가져올 것으로 판단될 때(자기과시, 변화의 계기로 활용하고자 할 때)도 공격행동을 취하게 된다. 반면에 여학생들은 공격행동을 함부로 취하지 않는 데는 자기 이미지 관리라는 또 다른 이득을 위한 것이라는 주장이다.

남학생들은 분노가 누적되어 참을 수 없는 상태에 이르면 분노를 폭발하는 공격행동을 취하게 된다고 주장하였고, 여학생들은 공격행동에 따른 후유증이 있어도 일단 터트리는 게 편할 정도로 분노가 차오르면 공격행동을 취하게 된다고 주장했다. 이는 각자 분노를 인내하는 역치에 따른 개인차가 있겠으나 분노의 누적도 공격행동을 유발하는 중요 요인임을 알 수 있다.

남학생들은 신체적, 언어적 공격이 참을 수 없는 분노폭발요인이 된다고 설명하였다. 남학생들이 공격에 노출되는 경우가 그만큼 많은 데서 기인함을 알 수 있다.

C. 결과의 해석

본 장에서는 앞에서 청소년들의 체험분석과정에서의 발견과 연구자들 간의 합의를 거쳐 추출한 청소년의 분노 및 분노처리과정에서의 공격행동에 포함된 공통요소가 무엇인지 설명하고 정의하는 기회를 가질 것이다. 또한 모든 사례에서 그 증거를 찾기는 어려웠으나 청소년들이 합의한 공통요소들에 대해서도 살펴볼 것이다. 또한 청소년의 분노체험분석과정에서 발견된 청소년의 분노와 분노처리과정에 대한 심리모형을 정리해 보고자 한다.

1. 분노유발에서의 공통요인

분노유발에서 발견된 공통요인은 부당함이었다. 부당함의 사전적 의미(국어대사전, 1994)는 "이치에 맞지 않음, 마땅하지 못함"이다. 그러나 본 연구 결과에서 보듯이 청소년들이 주장하는 부당함에는 객관적으로 정당하지 않은 것에 대한 분노도 있지만 대부분의 경우 자기중심적 해석의 결과로 어디까지나 내 기준에서 봤을 때 정당하지 않은 것임을 알 수 있다. 부당함에 대한 이런 식의 주관적 해석은 청소년 특유의 자기중심성(Elkind, 1967)에서 비롯된 것임을 알 수 있다.

특히 타인과의 관계에서 공격을 당하거나 상대의 일방적인 태도, 부적절한 태도, 자신을 좌절시키는 타인의 태도나 사건에 대해 부당하다고 느끼고 자기스스로 잘못을 저지르거나 자신의 힘이 약할 때에도 부당하다고 느끼고 있었다.

여학생이 부당하다고 인지하고 분노하는 상황에는 여러 가지 부정적 감정이 혼잡하여 나타나고 있으나 무엇보다 자존심 상함이 지배적인 것으로 나타났다. 부당함에 대한 여자 청소년들의 입장을 그들의 내적 언어형식으로 설명하면 다음과 같다.

> 나는 타인들에 대해 존중받고자 하는 기대를 갖는다. 그리고 나는 내 존재에 대해 아직 확고한 답이 없어서 늘 불안하기 때문에 그 기대에 대해 엄격한 편이다. 그래서 자존심에 대한 침해를 매우 힘들어한다. 나의 자존심을 유지시켜주고 지지해 주는 가까운 사람들에게 심리적으로 의존하고, 그들 각각에 대해 어떤 기대를 갖고 있으며 그들이 그러한 기대로부터 벗어나게 행동(변덕, 태도돌변, 나를 실망시킴, 배신, 기타 부당한 태도)을 할 때 단순한 실망을 넘어서 내 존재에 대한 위협을 느끼게 된다. 예를 들어 사례 1-1에서 "늘 같이 밥을 먹던 친구가 없어졌을 때" 나는 내가 무시당했다고 느끼며 혼자 밥을 먹을 수

도 없고, 굶는 것도 억울한 기분을 느끼며 그 애에게 내 존재가 그것 밖에 안된 것에 대해 분노하게 된다. 그래서 나는 쉽게 자존심이 상처 를 받게 되고 더욱더 분노를 느끼게 된다. 나를 쉽게, 자기 마음대로 대하는 것을 느낄 때 자존심이 크게 상처를 받으며 나는 그렇게 취급 당해서는 안 되고 그것은 부당하다고 느낀다. 타인이 어른이라는 이유 로 나에게 강제적 힘을 발휘하는 것도 참을 수 없다. 그리고 나 스스 로도 내가 한심하게 느껴지면(사례 1-6) 더욱더 자존심이 상하는 상상 을 하게 되고 그래선 안 된다는 생각에 분노하게 된다.

가까운 사람들에 대한 기대와 의존=〉 기대로부터 벗어남=〉 자존심 상함 =〉 부당하다는 생각=〉 분노체험

남학생들은 부당함과 함께 억울함을 지배적으로 느끼고 있음이 발견되었 는데 이에 대해서는 다음과 같은 설명이 가능할 것이다.

나는 어려서부터 남자는 힘이 세어야 한다고 배우며 자라왔다. 그리 고 힘의 세기는 남자들 사이에서 어떤 서열로 작용한다. 힘이 센 사람 은 힘을 과시하기 위한 행동을 하게 되는데 내가 상대에게 눌리는 느낌 이나 생각, 억제 당하는 느낌은 나를 화나게 한다. 친구들은 서로 힘자 랑을 하기 위해 터무니없는 욕설을 하기도 하고 공격을 하기도 하고 (사례 3-1, 3-2) 내가 약해 보이면 일방적인 태도를 취하기도 한다. (사례 3-7, 4-3) 또 어른들이나 선배는 비난을 하거나 훈육을 할 때 남 자애는 이렇게 다루어야 한다는 자동적 사고가 작용하는지 내 감정이나 생각을 고려하기보다는 일방적이고 강압적인 태도를 취할 때가 많다. 이렇게 많은 공격에 노출되고, 혹은 부당한 오해나 누명을 쓰면서도 내 힘이 약해서 반격을 포기하거나, 상대가 어른이기 때문에, 혹은 남자가 그깟 일로 옹졸하다고 할까봐, 그리고 감정표현이 습관이 안 되어서 감 정을 드러내지 못하고 억눌러야 할 때가 많다. 불의를 보고도 도와주지 못할 때도 억눌리는 기분을 느끼며, 이런 억울함이 나를 화나게 한다. 그리고 평소 풀지 못한 억울함이 많아서 억울한 일을 겪을 때마다 부당하다는 생각과 함께 치밀어 오르는 분노를 느끼곤 한다.

힘에 대한 관심=〉 힘에서의 눌림, 억제당함=〉 반격포기, 감정표현억제=〉 억울함=〉 부당하다는 생각=〉 분노

2. 분노처리과정에서의 공격행동의 공통요인

남녀학생 모두 분노를 처리함에 있어서 공격행동 혹은 비공격행동을 선택하는 기준은 행동결과에 대한 판단이었다. 즉 분노상황에 대한 인지적 평가과정에서 행동결과가 유리하게 전개될 방향에 대한 고려가 향방을 결정하는 요인인 것이다. 이때 가장 많이 고려되는 것은 상대가 누구냐 하는 것과 공격이 오히려 어떤 이득을 가져올 것이냐 아니면 손해, 혹은 손상(이미지)을 가져올 것이냐 하는 것이었다. 그리고 누적된 분노도 공격행동을 부추기는 요인이 됨을 알 수 있다. 그리고 남학생들은 신체적, 언어적 공격이 참을 수 없는 분노폭발의 중요요인이라고 강조하였다.

여학생들이 분노를 공격 혹은 비공격적 방법으로 처리하기에 앞서 경험하는 인지과정은 다음과 같다.

나는 분노는 성숙하지 못한 감정이라고 생각한다. 분노가 관계를 잃게 할 수도 있고, 분노를 함부로 터트리는 것은 내 이미지 관리에 도움이 될 수 없다. 그런데도 난 지금 너무 화가 나 있다. 하지만 화를 내서 무슨 도움이 되겠는가. 괜히 화를 냈다간 친구 잃고, 내 이미지 버리고, 분위기 망치고, 어른들에겐 야단이나 더 맞을 것이다. 이쯤에서 화가 안난 척, 이해하는 척 하는 게 차라리 낫다. 그게 안 되면 차

나라 잠을 자던지 즐거운 다른 일을 만들어 내자. 아니면 두고 보자고 마음에 새겨두거나 달리 표시 안 나는 공격을 생각한다. 그렇지만 이런 식의 억제는 분노를 해소시켜주지는 못한다. 그래서 나에게는 오랫동안 분노를 삭히는 시간이 필요하다. 그러나 내가 분노를 공격행동으로 표현할 때도 있다. 간혹은 내가 너무 화가 나 있다는 것을 그들(친구 혹은 가까운 사람들)이 알아야 될 필요를 느낀다. 그래야 나를 함부로 대할 수 없게 될 것이다. 이렇게 화가 나는데 왜 참아야 한단 말인가. 일단 화를 터트리는 게 나한테는 나을 것 같을 때에 나는 공격을 택한다. 내가 공격하면 그들로부터 비난을 받거나 그들의 마음이 아플 것이다. 그러나 너무 화가 난 나는 그것까지 신경 쓰고 싶지 않다. 우선은 내 마음이 편하고 볼 일이다. 더욱이 내가 화를 내야 그들이 행동을 바꿀지도 모른다. 결국 화내는 게 나에게 손해가 되기보다는 도움이 될 거라는 판단과 충동이 치밀어 오르면 나는 공격을 택하게 된다.

남학생들이 분노를 공격 혹은 비공격적 방법으로 처리하기에 앞서 경험하는 인지과정은 다음과 같다.

나는 남자이기 때문에 공격적인 것이 허용되는 분위기에서 키워져왔다. 공격행동은 나에게 이득을 가져오기도 하고 손해를 가져오기도 한다는 것을 지금까지의 경험으로 잘 알고 있다. 약한 애들 앞에선 은근히 내가 얼마나 강한지 보여주는 게 도움이 되지만 나보다 센 사람들(친구, 어른) 앞에서 잘못 행동했다간 더 큰 공격을 감내해야 하는 고통을 겪게 될 것이다. 그래서 나는 강한 자 앞에서 약간 긴장하게 된다. 그들이 나에게 부당함을 느끼게 해서 화가 날 때 나는 마음속으로 그들을 때리고, 무시하고, 욕을 퍼붓는 상상도 해보지만, 그게 현실화되었다가 겪게 될 후환이 두렵다. 그래서 나는 곧잘 그 상황을 피해버리거나 참거나 아니면 차라리 다른 약한 애들에게 분노를 터트린다. 그러나 나는 때때로 그냥 참기 힘든 분노를 느끼고 그럴 때면 분노를

폭발하고 싶은 충동이 치밀어 올라 견디기 힘들다. 특히 누군가 나한
테 말로, 혹은 신체적으로 공격해오는 일이 있을 때 그런 감정이 일어
나는 걸 느낀다. 이때도 상황판단을 하고 참거나 피할 때가 많지만 어
느 순간 그 치밀어 오르는 힘이 너무 커서 폭발을 하고 만다. 그때는
충동이 판단을 앞질러 내 스스로도 제어가 안 된다. 그리고 이런 폭발
이 의외로 상대가 자기을 굽히거나 나를 함부로 대하지 못하게 되는
등 가끔은 긍정적 결과를 가져오기 때문에도 모험을 할 때가 있다.

이상과 같이 남, 녀 청소년들의 분노처리과정에서 발견되는 인지적 과정
과 그 결과는 다음과 같이 정리된다.

흐름 1: 분노체험=〉분노결과에 대한 판단=〉손해=〉분노회피 혹은 수
동공격
흐름 2: 분노체험=〉분노결과에 대한 판단=〉이득=〉공격행동
흐름 3: 분노체험=〉강한 분노폭발충동=〉공격행동

3. 청소년의 분노체험과정

지금까지의 결과를 종합하여 청소년의 분노체험과정을 도식화하여 제시
하면 〈그림 2〉와 같다.

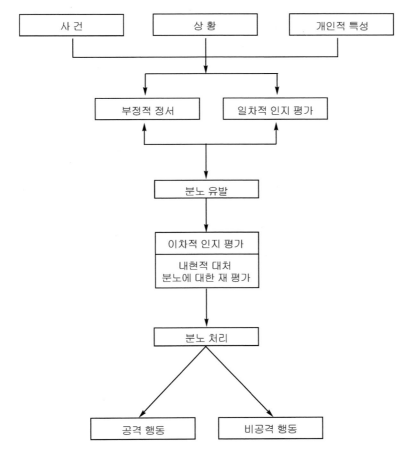

〈그림 2〉 청소년의 분노체험과정 흐름도

분노유발자극 단계: 분노유발 사건, 상황, 개인적 특성은 상호적으로 작용하며 분노유발을 자극하게 된다. 분노를 유발하는 데 기여하는 상황으로는 덥거나 추운 날씨, 소음과 같은 불쾌한 주변환경, 배고픔, 피로와 같은 불편한 생리적 조건, 뭔가 걱정스러움 혹은 큰 기대감 등 분노를 유발할 수도 있는 예민한 심리적 상태가 포함된다. 이러한 불편한 상황만으로도 분노감정과 관련된 부정적인 정서를 경험할 수 있으며, 불편함은 분노유발사건

을 더욱 부정적인 것으로 느끼도록 부추긴다. 개인적 특성은 개인의 공격성향, 신념, 기질적 차이, 분노상황에 대한 기억 등인데 사건이 일어나기 전 혹은 사건이 일어날 당시의 상황과 개인적 특성이 분노유발사건과 연합을 이루어 부정적 정서를 유발한다. 본 연구에서 수집한 분노사건을 살펴보면 청소년들의 분노유발사건은 대부분 대인관계에서 일어나는 사건이거나 개인 내적 사건임을 알 수 있다.

부정적 정서의 경험과 단순평가의 단계: 분노와 관련된 부정적 정서로는 자존심 상함, 억울함, 실망, 원망감, 자책감, 좌절감 등이 있으나 청소년의 경우 분노와 강한 연합을 보이는 것은 자존심 상함(여)과 억울함(남)으로 드러났다. 분노사건이나 상황에 노출이 되면 개인은 정서와 함께 상황에 대한 단순한 평가를 내리게 되는데 이때 부정적 정서가 부당한 것으로 느껴지기도 하고, 부당하다는 평가로 인해 부정적 정서가 더욱 활성화되기도 한다. 부정적 정서와 단순한 평가는 거의 동시적으로 일어나며 서로 연합하여 활성화된다. 그리고 본 연구에서는 깊이 다루어지지 않았으나 가슴이 답답한 기분이나 경직되는 표정 등 신체적 감각도 이러한 연합망의 한 가지 요소로 작용함을 알 수 있다.

분노유발의 단계(감정정교화의 단계): 억울함이나 자존심 상함과 같은 부정적 정서를 느끼는 것과 동시에 부당하다는 판단에 대한 경험은 분노를 느끼게 한다. Berkowitz(1990)의 견해에 의하면 이러한 인지적 평가단계를 거치면서 앞서 느낀 부정적 정서가 분노가 아니고 우울이거나 불안, 경쟁, 질투, 죄책감의 다른 정서로 식별, 정교화 될 수도 있다고 한다. 이러한 정서의 식별, 정교화 과정에서 분노의 핵심을 이루는 요소는 억울함 또는 자존심 상함과 같은 감정적 요소와 부당함이라는 인지평가적 요소인 것이다.

이차적 인지과정의 단계 1(내현적 대처단계): 그리고 분노에 대해 내현적인 대처를 하는 데 방향은 두 가지로 타인에 대한 공격(공격상상, 반항, 보복, 비난, 분노폭발하는 상상)을 하거나, 자책 혹은 상황을 회피하는 상상을 한다. 남학생은 여학생에 비해 더 공격적인 상상과 함께 분노폭발충동을 내포하는 대처를 하게 된다. 여학생은 상황회피나 수동적 공격을 상상하는 경우도 있다. 그러나 내현적 대처는 어디까지나 분노에 대한 순수한 반작용으로 그 기본 내용은 공격인 것이다.

이차적 인지과정의 단계 2(분노에 대한 재평가단계): 내현적 대처과정도 일종의 인지과정이지만, 보다 고차적인 인지활동으로 분노에 대한 재평가를 하게 된다. 이러한 인지과정은 내현적 대처행동, 그 다음 분노에 대한 재평가 순으로 진행된다. 재평가 과정에서 분노상황을 다시 한번 평가하고, 분노대처결과에 대한 판단을 하고 분노에 대처할 전략을 세우게 된다. 분노상황에 대한 재평가 과정에서 청소년들은 상황판단을 하고, 생각을 전환시킬 필요를 깨닫고, 상대에 대한 이해를 하고, 타협의 필요성을 깨닫는 과정을 겪게 된다. 동시에 자신이 분노를 공격행동으로 나타냈을 경우 득이 될 것인지 손해가 될 것인지에 대한 판단도 하게 된다. 이때 고려하는 사항은 상대가 누구인지와 공격행동의 효과에 관한 것이다. Lazarus(1991)는 정서에 대한 두 가지 대처방식, 즉 문제중심대처와 정서중심 혹은 인지대처 방식을 제안하였는데 청소년들은 주로 정서중심 혹은 인지대처방식을 택하고 있음을 알 수 있다. 즉 외부환경을 변화시키려 하기보다는 상황에 대한 의미에 변화를 가함으로 해서 자신의 정서에 반응을 하고 있는 것이다.

분노처리의 단계: 청소년이 분노를 해결하는 방법은 크게 공격행동과 비공격행동으로 나누어 볼 수 있다. 청소년들은 공격행동을 가해도 자신에게 손해가 적다고 판단될 때, 또는 오히려 득이 될 것이라고 판단할 때 공격행동을 취한다. 예를 들면 상대가 공격을 해도 반격을 하지 않을 것으로 판단되거나 그 반격의 위험이 낮은 것으로 인지될 때, 혹은 공격행동으로 자신의 분노를 상대에게 전할 수 있거나 상대를 변화시킬 수 있다고 판단될 때 혹은 상대의 관심을 유도하거나 뿌리칠 수 있을 때 공격행동을 취한다. 그러나 상황이 자신에게 불리할 것으로 판단될 때, 상대가 나보다 강자이고

반격을 감당하기 어렵다고 판단될 때, 공격행동으로 오히려 상대와의 관계에 문제가 될 때 참거나 공격을 유보하거나 분노상황을 회피해 버린다.

VI. 논의 및 결론

분노는 상담장면에서 내담자의 일차적 문제로 혹은 이차적 문제로 자주 나타나곤 하는데, 예를 들면 신체적 혹은 언어적 공격, 아동학대, 부적절한 위축감, 문제해결력의 감소, 그리고 심리생리적 질병들로 나타난다(Hazaleus & Deffenbacher, 1986).

Rothenberg(1971)도 임상장면에서 분노가 어떻게 나타나는지, 부적응 문제에서 얼마나 중요한 위치를 차지하는지, 임상가들이 분노를 제대로 이해하는 게 대단히 중요함을 강조하면서 다음과 같은 주장을 하였다.

"우울증의 슬픔 뒤에서 분노의 증거를 발견하고, 신체전환증에서는 분노에 의한 유혹을 경험하고, 동성애와 성장애에서는 분노에 찬 의존을 보게 되며, 부부문제에서는 분노가 내포된 왜곡된 대화패턴이 밝혀진다. 우리는 분노를 해석하게 되고, 분노에 직면하며, 분노를 드러내게 하고, 분노를 가라앉히며, 분노의 훈습을 돕는다"

즉 분노는 상담장면에서 흔히 발견되는 내담자의 핵심감정의 하나로 그와 관련된 적개심, 공격성을 이해하는데도 크게 도움이 되는 기본적인 정서인 것이다. 특히 청소년들은 분노를 적절히 해소하는 방법에 서툴 뿐 아니라 정서적 격렬함이나 충동적인 면으로 인하여 분노가 공격으로 이어질 가능성도 크고, 더 나아가서는 Rothenberg의 주장대로 분노는 억제되거나 변형된 형태로 나타나기 때문에 청소년이 경험하는 우울이나 비행을 이해하는 데에도 핵심을 이루는 정서로 판단된다. 그러나 청소년의 분노를 이해하고, 상담에서의 개입을 위해 무엇에 초점을 두고 접근해야 하는지에 대한 연구는 미흡한 것이 현실이었다.

본 연구는 청소년 비행의 원인이 되기도 하는 청소년의 분노와 분노처리과정에서 공격행동 각각에는 어떤 공통요인이 포함되어 있고, 이들이 체험하는 분노의 심리적 과정과 각 과정에 포함된 요소는 무엇이며, 이러한 분노체험과 처리과정에 남녀차가 있는지를 알아보기 위하여 수행되었다. 본 연구는 청소년을 상담하고 지도하는 현장에서 청소년의 분노를 이해하고 건강하게 해결할 수 있도록 도움을 주는 데 활용하려는 실용적 목적이 포함되어 있으며, 그러한 목적을 위해 사실발견에 초점을 둔 체험분석이라는 연구방법을 채택하였다. 이러한 접근은 기존의 연구들이 발견하기 어려웠던 사실적이고 정교한 청소년 분노-공격 모델을 발견하는 데 도움이 될 것으로 판단되었다.

연구를 위하여 남녀 고등학생 1, 2학년으로 구성된 4개의 체험분석집단을 구성하여 이들을 연구참여자로 참여하게 하였고 또한 본 연구자를 포함한 3명의 연구지도자가 집단을 이끌었다. 각 집단은 4회기의 공동연구모임을 갖고 실생활에서 체험하는 분노자료를 수집하여 분석하는 과정을 가졌다. 그리고 이러한 연구참여자들의 체험분석결과와 이에 대한 지도연구자들의 검증과정, 끝으로 본 연구자의 해석과정이 이어졌다.

Morse 등(신경림 역, 1997)이 질적 연구방법을 평가하기 위하여 정리한 방식에 의해 본 연구에서 사용한 절차와 방법을 살펴보면 다음과 같다.

표본: 편의표본(convenience samples), 표본특성 중 본 연구에 직접 영향을 미치는 요인은 포함되지 않았음.

연구참여자: 고 1-2의 평범하고 거주지가 다양한 남녀학생들. 성적은 중요한 변수가 아니나 공동연구자라는 점을 감안하여 중위권으로 한정함. 자발적인 학생과 교사권유에 의해 참가한 학생이 섞여 있음.

연구동의서: 본인의 동의서를 작성하였음.

일반적 배경: 가족관계, 참가동기, 종교, 집단상담경험, 심리학에 대한 관심, 집단에 대한 기대와 우려 등을 조사하였음.

자료수집: 일부 녹음기록, 일부 노트 정리. 공동연구자의 자료수집기록,

포함된 요인 목록표 작성, 포함된 요인 중 공통요인 찾기(기록분석 및 참여자 토론).

신뢰도와 타당도: 참여자로부터 확증(집단합의 구함, 다른 사례에 적용), 관련문헌을 통한 검증), 다양한 참여자, 다양한 연구자로부터의 자료수집, 3명의 연구자로부터 확증.

결과: 각 개인의 분노체험과 각 집단의 분노체험분석결과 기술, 분노체험분석결과에 대한 정리, 연구자의 결과에 대한 해석.

이러한 연구과정을 거친 결과 청소년들의 분노체험과정을 알 수 있었으며 각 단계에서 나타나는 현상을 설명할 수 있는 요인을 발견하게 되었다. 기존의 연구에서 발견한 분노, 혹은 정서의 심리적 과정을 확인하게 된 결과도 있었으나 본 연구의 주제인 청소년의 분노유발의 감정적, 인지적 공통요소를 구체적으로 밝히고 이들이 분노를 처리하는 과정에서 내현적 공격행동을 거친 후 분노상황과 앞으로의 분노대처에 대한 재평가를 한다는 사실을 밝히기도 하였다. 무엇보다 여러 가지 이론에서 제시한 정서에 대한 언급과 분노의 심리적 과정을 정교화하는 결과라는 점에 의의를 둘 수 있을 것이다. 그리고 그 대상이 청소년이어서 청소년의 분노와 그 처리과정에서의 공격행동을 다루는 데 도움이 될 것으로 기대된다.

본 연구에서의 결과와 의의를 다시 세분화해서 살펴보기로 하겠다.

첫째, 청소년이 여러 가지 사건과 상황을 통해 느끼는 부정적 정서를 분노로 세분화하는 감정적 요소로 억울함(남), 자존심 상함(여)이 그리고 인지적 요소로 부당함(남, 녀)이 존재함을 알 수 있었다. 그리고 이들이 부당하다고 생각하는 것은 객관적이거나 보편적인 원칙에서 벗어나는 부당함이라기보다 자기기준, 자기기대에 어긋나는 것으로, 다분히 자기중심적인 성격을 띠고 있었다. Dollard 등(1939)은 분노의 주요원인이 좌절이라고 설명하였으나 부당함이 보다 근본적인 원인이라고 설명하는 입장에서는, 좌절이 중요하기는 하나 그것은 어디까지나 자부심이나 자기존중감의 상실 그리고 개인적 소망과 기대되는 사회적 규준의 위반으로서 중요하다는 것이다 (Averill, 1983). 본 연구에서는 분노의 원인으로 부당함의 중요성과 본질에 대해 확인을 한 셈이다.

둘째, 청소년은 분노를 느끼는 순간 내현적 공격으로 어느 정도 감정의 해소를 꾀하는 것으로 나타났다. 그리고 이러한 내현적 공격의 내용이 남, 녀 간에 다소 차이가 있어서 남자가 여자에 비해 공격적이고 분노폭발충동도 더 많이 나타남을 알 수 있었다. 또한 이 내현적 공격내용이나 강도는 뒤이어 논의될 분노에 대한 재평가 과정과 분노처리행동에 일부 영향을 미치는 것을 알 수 있다. 선행연구에서 인지적 재평가 과정에 대해서는 여러 번 강조된 바 있으나 청소년들이 분노상황에서 내현적 공격을 경험한다는 것은 언급된 바가 없었다. 청소년들은 이 내현적 공격행동을 경험하면서 자신의 현재 정서상태의 강도나 심각성, 적절성을 자각하고, 이러한 행동을 하나의 처리대안으로 상정해 보며, 그것에 대한 반작용으로 인지적 재평가를 시도하는 것으로 보인다. 또한 본 연구에서는 발견되지 않았으나 내현적 행동의 다른 효과가 있을 수도 있다. 예를 들면 강한 공격폭발충동은 내현적 행동에 의해 더욱 상승되어 뒤이은 인지적 평가과정 없이 곧 바로 공격행동을 유발할 가능성도 생각해 볼 수 있다. 이러한 내현적 분노처리의 본질과 효과에 대해서는 앞으로 더 연구되어지기를 기대하게 된다.

셋째, 분노조절 및 분노처리과정에서 인지적 요소의 중요성을 강조한 선행연구결과(Berkowitz, 1990; Deffenbacher, Story, Hogg & Brandon, 1987; Kendall, 1993; Larson, 1992; Novaco, 1975, 1979; Sharkin, 1988)를 다시 한번 확인할 수 있었다.

Berkowitz(1990)는 사람들이 부정적인 느낌을 깨달았을 때 다소 놀라고 혼란되지만 이것은 비교적 높은 수준의 인지활동을 촉진하여 그들의 느낌에 대한 원인과 가장 좋은 행동이 무엇인지 생각하게 하고 이런 신중함이 그들의 행동을 조종하는 요인이 된다고 하였다. 즉 자기 느낌에 대한 집중, 자각은 보다다는 것이다. 또한 Novaco(1975)는 분노유발은 인지과정과 관련이 있다 적절한 판단을 가져올 가능성이 있는 가정하에 분노에 대한 교육을 포함하는 인지적 준비단계, 바람직한 기술습득의 단계, 실제적용의 단계로 구성된 면역훈련 프로그램을 개발한 바 있다.

본 연구는 이렇게 인지적 요소의 중요성을 발견한 데 덧붙여 청소년들이 공통적으로 포함시키는 요소가 상대가 갖는 관계적 의미와 상대의 반응에 대한 평가, 자신의 행동결과에 대한 사회적 평판이나 자신에게 돌아올 결과의 유용성과 같은 결과에 대한 평가임을 확인하게 되었다. 이는 청년기에는 추상적 사고의 발달로 사회적 상황에 대해 아동기에 비해 더 깊은 분석이 가능해지고 다른 사람의 생각, 현실과 이상의 차이, 이미지관리, 자신의 행동에 대한 장기적인 결과에 대해 더 민감해지기(Larson & Asmussen, 1991) 때문인 것으로 보인다. 이러한 발견은 청소년들을 대상으로 하는 인지적 재구조화, 사회기술훈련에 포함시킬 필요가 있는 요소들에 대한 정보를 제공해 준다. 또한 이러한 관계나 사회적 이미지를 더 긍정적으로 발전시킬 수 있도록 타인의 조망수용을 강조하는 요소도 도움이 될 것이다.

넷째, 청소년기의 분노자극은 대부분 대인관계에서 비롯되며, 분노는 가까운 사람들과 더 자주 경험하는 정서임을 알 수 있었다. 이러한 연구결과는 분노체험에서 관계라는 맥락이 중요하게 영향을 미친다는 선행연구결과들(권혜진, 1995; 김청자, 1993; Averill, 1983; Scherer & Tannenbaum, 1986)을 지지하고 있다.

다섯째, 분노유발과 분노처리과정에서 남녀 간의 차이를 발견할 수 있었다. 즉 분노유발로 이끄는 핵심감정이 남자는 억울함, 여자는 자존심 상함으로 나타났으며, 남자는 내현적 대처에서 보다 공격적이었고, 분노처리에서도 수동적이거나 소극적이긴 하지만 공격행동의 가능성이 더 많음을 알 수 있었다.

여기서 억울함, 자존심 상함 등의 감정은 부당함과 연합하여 상호 영향을 주고 있는 것으로 보이는데, 본 연구자는 남자는 힘의 서열에서 억눌림을 경험하거나 힘으로 밀어붙일 때의 감정을 표현한 것이고, 여자는 관계에서 기대하는 바가 무너졌을 때 자신의 가치에 초점이 맞추어지면서 느끼는 감정을 표현한 것으로 해석하였다. 여성들은 문화적으로 자기비하와 억압 속에 살기 때문에 분노가 깊숙이 자리 잡고 있으며 관계를 잃게 될까봐 늘 두려움과 죄책감이 많다(김태련, 이명선 역, 1995)는 주장과도 일치하는 결과라 하겠다. 여성이 보다 관계중심적이어서 타인의 부당한 태도는 곧 관계에 대한 위협이며, 자신에 대한 무시로 받아들여졌을 가능성이 크다. 즉 여자 청소년은 자신의 가치가 무시당할 때, 그리고 남자 청소년은 자신이 힘에 의해 억눌리고 있다고 느낄 때, 그리고 남녀 모두 이러한 감정과 상황이 부당하다고 판단될 때 분노를 경험하는 것으로 보인다.

이러한 결과는 여자 청소년을 상담, 지도하면서 보다 관심을 기울여야 할 부분은 자아존중감의 회복이고, 남자 청소년의 경우는 힘이나 서열에 대한 고정된 가치와 사고를 다룰 필요가 있음을 시사하고 있다.

여섯째, 본 연구는 편의표집(convenience samples)에 의해 이루어져 전체 청소년에게 결과를 일반화하는 데는 무리가 있으나 청소년들은 분노처리행동에 있어서 사회적 압력을 많이 느끼며 대부분 비공격적 방법을 택하거나 대치하는 행동, 그리고 소극적 혹은 수동적 공격방법을 택하는 것으로 나타났다. 그러나 적절한 자기표현의 필요성에 대한 인식이 부족하고 자기표현 기술도 미흡한 것으로 드러났다. 청소년들의 분노조절에는 인지적 중재방법이 포함됨과 동시에 보다 적절한 행동대안을 마련해 주는 사회적 기술훈련이 포함되어야 할 것이다.

일곱째, 청소년들은 신체적, 언어적 공격을 받아서 분노폭발충동이 너무 클 때 분노폭발충동을 경험하기도 하는데 이때는 반드시 앞에서 제시한 5단계 중에서 인지적 재평가 단계를 거치지 않을 수도 있다. 즉 분노유발(분노폭발충동 경험)→분노에 대한 내현적 대처→공격의 경로도 있을 수 있다. 그러나 여학생들은 분노유발(분노폭발충동경험)-〉분노의 내현적 대처 -〉분노에 대한 재평가-〉의도적 공격의 경로에 대해서도 언급한 바 있다.

본 연구 참여자는 비교적 학교생활에 적응적인 평범한 청소년들이었는데 폭력 등 공격행동과 연루된 청소년들도 비슷한 결과를 보일지는 의문이다. 앞에서도 억울함이 남자들 사이의 힘에 의한 강제에서 오는 감정으로 해석 하였는데 소년원생을 대상으로 분노조절 프로그램을 실시한 바 있는 강신 덕(1997)은 이들이 자신의 생각을 점검하고 이를 합리적으로 이끄는 데 무 리가 있었다고 밝히면서, 대부분의 원생들이 분노폭발 및 표현에 대해 당위 적 사고를 갖고 있었다는 것이다. 즉 "나를 화가 나게 한 사람을 당연히 혼 을 내주어야 한다", "화나는 상황에서 즉각적으로 대처하지 않는 것은 비겁 한 짓이다"와 같은 비행 청소년세계의 가치체계를 절대적인 것으로 여기는 경향이었다는 것이다.

그렇다면 이러한 당위적 사고가 준비되어 있는 청소년의 경우 더 이상의 본 연구에서 제시한 분노과정 중 인지적 재평가 과정을 생략하고 분노폭발 충동을 곧바로 공격행동으로 표현할 가능성이 있는 것이다. 특히 내현적 대 처가 이들의 경우 자기감정을 견제하는 효과를 가져오기보다는 분노폭발충 동을 더 가속화할 가능성도 있을 것이다. 후속연구에서는 이들을 대상으로 한 분노체험분석도 의미 있는 작업이 될 것이다.

여덟째, 본 연구는 청소년자신의 현실적 분노에 포함된 그들 자신의 정서 와 사고를 그들 자신의 언어로 보고하고 분석한 체험분석연구였다는 데 의 의가 있다. 체험분석연구는 가장 솔직한 청소년의 내면세계를 들여다 볼 수 있는 방법이었다는 것 뿐 아니라 그 자체가 하나의 상담기법이 될 수도 있 음을 알 수 있었다. 박성희(1997)는 체험분석이 상담장면에서도 활용될 수 있으며 그 경우 상담에 끼칠 수 있는 영향에 대해 다음과 같이 설명하고 있다.

즉, 내담자 자신이 자신의 내적 체험을 검토하면서 어떻게 자신이 문제를 만들어 가는지 관찰하고 자신의 문제에 대해 자기가 책임을 지려는 태도를 갖게 되고, 체험에 대한 직면, 능동적 대처는 문제로부터 도피하지 않고 이에 맞닥뜨리도록 하며, 자신의 체험에 대한 반복적인 관찰을 통해 심리적 문제를 야기하는 원인과 기제에 대한 보다 명료한 이해가 가능하게 해주며, 끝으로 체험분석을 통해 발견한 문제해결책은 스스로 발견한 것이기 때문에 그만큼 강력하고 결국은 치료에 대한 동기를 강화시켜 준다는 것이다.

공동연구자들의 소감문을 요약(부록 4)하면, 분노를 다스리는 데 도움이 되었다(12명), 자기이해에 도움이 되었다(9명), 친구를 돕는 데 활용할 수 있을 것이다(2명), 공동연구자로서의 경험이 좋았다(3명), 또래들과의 교류에 대한 만족감(10명), 분노체험수집과정이 어려웠다(12명) 등의 내용으로 정리된다. 소감문에서도 밝혔듯이 체험분석의 의미와 목적, 방법이 다소 청소년들에게 어렵게 느껴지긴 했지만, 자신의 체험을 분석하면서부터는 자신과 타인에 대해 깊이 탐색하려는 동기가 생겨났으며, 비슷한 참여자들을 통한 공감능력도 향상되었다. 무엇보다 자기를 관찰하고 생각하며 행동하려는 인지적 활동을 준비하는 데 도움이 되었고 분노의 심리적 기제를 이해하고 분노를 다스리고 절제하는 데 도움이 되었다는 것이다. 즉 이론적 배경에서도 가정한 바와 같이 분노체험분석이라는 인지적 활동은 그 자체가 청소년들의 인지활동을 더욱 촉진시킨 것으로 보인다. 그러나 청소년들은 자기의 심리적 과정을 관찰하고 이를 수집, 기록하는 과정에 매우 어려움을 겪었던 것으로 반응했다. 청소년이 쉽게 적응할 수 있는 방법상의 보완이 필요할 것으로 보이며, 준비단계나 충분한 연습단계가 없었던 것도 문제점으로 보인다.

Kendall(1993)의 주장대로 공격적인 청소년의 문제가 인지적 결함과 인지적 왜곡의 문제라면, 이들 공격적인 청소년들에게 인지적 대처능력을 강화하는 방법으로 체험분석방법을 사용해 볼 수도 있다. 즉 내담자의 자기각성, 혹은 고차적 인지사용의 훈련이 포함되어 있는, 체험분석이 하나의 치료모델의 가치를 지니며, 이를 기초로 보다 정련화된 정서이해를 돕는 상담

프로그램을 구성할 수도 있을 것이다. 즉 많은 방법상의 보완이 있어야겠지만 이러한 체험분석과정이 청소년을 위한 여러 가지 집단활동의 일부로 활용된다면 보다 실질적으로 청소년자신의 문제를 예방하고 해결하는 데 도움이 될 것으로 보인다.

본 연구결과는 무엇보다 청소년의 분노에 대한 이해와 조절을 필요로 하는 현장에 도움을 줄 것으로 기대된다.

우선, 청소년의 분노기저에 있는 감정이 억울함, 또는 자존심 상함이라는 것과 부당함이라는 판단이며, 이 둘은 서로 연합하여 분노를 유발한다는 점에 유의할 필요가 있을 것이다. 이러한 요인들에 대한 이해는 청소년의 분노를 다루거나 분노조절 프로그램을 구성함에 있어서 사전에 인지적 내용을 점검하고 보다 합리적인 인지내용으로 대치시키는 데 필요한 요소가 무엇인지를 알게 해 준다. 즉 여자 청소년의 경우 상대에 대한 지나치거나 일방적 기대, 남자 청소년의 경우는 힘의 서열과 힘의 과시에 대한 고정관념을 다루는 것이 도움이 될 것이다. 또한 역으로 상대를 화나게 할 수 있는 요인이 무엇인지 알고 보다 좋은 인간관계형성을 위해 이를 활용할 수도 있다.

다음은, 청소년의 분노가 공격, 혹은 비공격 행동으로 표현되는 과정에서 중요한 역할을 하는 것이 인지적 재평가임을 본 연구에서는 다시 한번 확인하였다. 그리고 이에 덧붙여 평가과정에서 가장 중요한 요인이 상대가 갖는 관계적 의미와 힘의 비교, 그리고 사회적 압력을 포함하여 자신에게 돌아오는 득임을 알게 되었다. 공격행동에 자주 연루되거나 자신의 공격행동을 이해하지 못하여 고민하는 청소년들의 인지내용을 설명하는 데 이러한 발견이 적절하게 활용될 수 있을 것으로 보인다. 예를 들어 청소년의 공격행동이 상황적응을 위한 최선의 노력이었음에도 불구하고 득이 되지 못하는 경우, 본인의 목적과 행동결과에서의 차이를 인식하도록 새로운 인지적 해석을 유도할 수도 있을 것이다.

셋째, 본 연구에서 발견한 분노과정모형을 상담자가 알고 청소년내담자가 자신의 분노를 이해하도록 돕는 데 활용할 수 있을 것이다. 본 연구에 참여한 청소년들도 지적했듯이 자신의 분노과정과 포함된 요인들을 이해하는 것이 자신의 정서에 대한 명명화에 도움을 주고 해결을 위한 행동선택에도 신중을 기하는 요인이 될 것으로 보인다.

넷째, 본 연구에 참여한 청소년들을 통해서도 알 수 있듯이 대부분의 청소년들은 분노를 억제하거나 터트리는 식의 표현 외에 적절한 자기표현행동기술을 갖고 있지 못한 것으로 나타났다. 따라서 이들이 자신의 분노 속에 포함된 여러 가지 요인들에 대한 이해를 하는 인지적 재학습과 더불어 적절한 자기표현의 중요성과 자기표현기술을 갖는 것이 필요할 것으로 보인다. 즉 분노조절 프로그램 구성 시 인지적 요소도 중요하지만 한편으로는 분노를 적절히 표현하는 기술을 포함하는 행동적 요소도 중요하다는 것을 알 수 있었다.

다섯째, 본 연구에서 채택한 체험분석방법은 몇 가지 방법상의 보완만 뒤따른다면, 청소년들의 자기이해와 인지적 변화를 꾀하는 상담모델로도 활용될 수 있음을 알 수 있었다. 청소년들은 처음엔 낯설어하던 방법에 대해 차츰 익숙해졌고, 자기체험 속에서 공통요인을 찾아내는 과정에서는 커다란 흥미를 느끼기도 하였다. 또한 자기 문제가 무엇인지 발견하여 스스로 해결하고자 노력하는 동기도 높아지는 것으로 나타났다. 따라서 이러한 방법을 활용하여 청소년들의 자기발견과 변화동기를 꾀할 수 있고 여기에 새로운 행동대안을 학습할 수 있는 기회만 덧붙여진다면 매우 훌륭한 상담 프로그램 또는 프로그램구성요소가 될 수 있을 것으로 보인다. 특히 서로의 체험을 중심으로 한 또래들 간의 깊은 상호작용이 자연스럽게 정서적 공감을 느끼고 자기중심성에서 벗어나는 사고의 기회가 될 것으로 보인다.

이처럼 본 연구에서 밝혀진 몇 가지 요소는 현재까지 발표된 분노과정모델을 더욱 정교화하고, 청소년의 분노이해와 조절에도 도움이 될 것으로 보인다. 한편 연구 참여자들이 동기유발이 어렵고 현실적으로도 연구에 많은 시간을 할애하기 어려운 청소년이었지만 나름으로 의미 있는 결과에 도달할 수 있을 만큼 열의를 갖고 임한 것은 체험분석방법이 자신을 탐구해 나가는 방법이라는 매력 때문이었던 것으로 판단된다. 이에 따라 보다 다양한 연령층의 참여자를 포함시킨 또 다른 체험분석방법도 시도해 볼만하다.

본 연구는 여러 가지 의의를 갖기도 하지만 한편으로는 해석상 고려해야 할 문제점과 해결과제를 내포하고 있는 것으로 판단된다.

우선, 대부분의 발견적 연구 패러다임이 그렇듯이 본 연구도 제한된 표집 방식으로 인하여 모든 청소년들에게서 같은 현상이 발견될 것인지에 대해 의문을 갖게 된다. 특히 평범한 청소년이 아닌 공격행동에 쉽게 연루되는 청소년들 사이에서는 본 연구결과와 다른 현상들이 발견될 것으로 기대된다. 앞에서도 강조된 바와 같이 공격행동에 쉽게 연루되는 청소년들은 인지적 재평가 과정이 생략되거나 미약할 수도 있다는 가정을 해볼 수 있을 것이다.

둘째, 본 연구에서는 연구결과들에 대해 선행연구결과에 비추어 본 이론적 검증과 연구지도자 간의 검증절차만 적용했을 뿐이다. 따라서 이러한 결과들을 보다 확고히 하기 위해서는 이를 확인하는 양적연구, 혹은 보다 정교화된 반복연구가 뒤따라야 할 것이다.

셋째, 체험분석방법에서는 연구참여자들이 엄격한 규칙에 적응하고 내면적으로 기민함을 유지하고 있어야 하는데 청소년참여자들에게 연구에 대한 동기를 갖게 하고, 체험수집과 체험분석을 충분히 연습하고 숙달시키는 데는 회기가 너무 짧은 것이 문제였다. 특히 체험분석에 대한 소감문에서 12명의 청소년이 체험수집이 어려웠다고 기록한 바 있고, 체험수집을 분석하는 과정에서 집단이 더욱 활기를 띠며 청소년들도 연구에 열의를 보였었다. 또한 충분한 회기를 가졌더라면 더 다양한 자료수집이 이루어졌을 것으로 보인다. 이렇게 짧은 회기로 체험분석을 마쳐야 했던 이유는 이들이 인문고 학생들이어서 회기가 길면 연구에 동참하기 어렵다는 교사들의 의견 때문이기도 했는데 앞으로 체험분석방법을 이용한 연구를 실시할 경우에는 무엇보다 연구에 익숙해지는 도입시간이 충분해야 할 것이다.

청소년에 대한 실제적인 연구가 활발히 이루어지지 않고 있는 현실에서 청소년을 연구참여자로 참여시켜 그들의 실생활에서의 분노체험의 정체를 밝히고자 했던 시도는 앞으로의 후속연구를 위한 기초작업이 될 수 있을 것으로 기대된다. 변화하는 사회 속에서 누구보다 더 민감하게 변화를 흡수해 가는 세대이기 때문에 많은 기성세대들이 청소년을 이해하고, 청소년과 조화를 이루어가는 데 어려움을 호소하고 있는데, 이에 반해 청소년에 대한 대부분의 연구는 청소년을 대상화하면서 기성세대의 관점에 대한 진위를 가름하는 방식이 대부분이었다. 이러한 연구결과의 누적은 청소년의 실제모습과는 동떨어진 것이 될 수도 있고, 청소년에 대한 오해를 가져올 가능성도 있다. 더욱이 많은 관심에도 불구하고 여전히 청소년은 기성세대에게 낯설고 이해할 수 없는 세대로 남아 있게 되는 것이다. 청소년의 실체를 이해하는데 본 연구결과가 단편적이나마 실제적인 정보를 제공할 수 있을 것으로 기대된다. 본 연구에서 실시한 체험분석방법을 더 많은 회기 속에서 방법을 수정 보완하여 여러 실제적인 연구에 활용해 볼 수도 있고, 청소년이나 대학생과 같이 자신에 대해 혼란을 겪고 있거나 자신을 탐색해 보는 데 관심이 높은 대상자들을 위해 하나의 자기이해 프로그램 요소로 발전시켜 볼 수도 있을 것이다.

또한 후속연구에서는 분노유발에서의 공통요인이 다른 연령층에서는 달리 나타날 것인지 아니면 청소년과 같은 감정과 인지적 내용에 의하는 것인지 밝혀보는 것도 인간의 분노를 이해하는 데 도움이 될 것으로 보인다. 그리고 연령에 따라 관계의 의미나 인간관계, 가치관 등이 변화한다고 본다면 인지적 재평가 과정에서 공격행동, 혹은 비공격행동을 가름하는 내용에서도 차이가 있을 것이다. 한편 본 연구에서 밝혀내지 못한 다른 요소가 있는지도 확인해 볼 수 있고, 본 연구에서 충분한 자료가 제시되지 않은 분노에서의 안면표정이나 감각요소를 다루어보는 것도 의미가 있을 것이다. 이에 덧붙여 본 연구에서 발견한 공통요소가 모든 청소년의 분노상황에서 나타나는지 혹은 가장 많이 나타나는 요소인지를 확인하는 양적인 확증연구도 기대해 볼만하다.

또한 청소년들이 분노에 대해 재평가를 하고 해결방법을 정하기 전에 나타난 내현적 분노표현의 의미를 더 깊이 연구해 보는 것도 의미 있는 작업이 될 것이다. 특히 공격성이 높은 청소년의 경우는 본 연구에서 밝혀낸 분노체험과정과는 달리 분노유발-〉내현적 분노표현-〉공격행동(분노충동폭발)의 과정도 가정해 볼 수 있는데, 이들의 높은 공격성이 인지적 재평가과정의 부재에서 오는 것인지를 확인하는 연구가 앞으로 반드시 이루어져야 할 것이다. 즉 평범한 청소년이 아닌 공격행동에 더 많이 연루되는 청소년들을 대상으로 한 분노체험분석에서도 같은 결과가 나올 것인지 비교연구를 해볼 필요가 있을 것이다.

참고문헌

강신덕(1997). 비행 청소년 분노조절교육 프로그램 개발 및 효과 연구. 서울대학교 박사학위논문.

고영인(1994). 대학생의 분노표현양식과 우울 및 공격성과의 관계, 부산대학교 박사학위논문.

권혜진(1995). 청소녀 분노현상의 근거이론적 접근. 이화여자대학교 박사학위논문.

김계현(1993). 분노조절을 위한 프로그램. 청소년범죄연구. Vol. II, 제11집.

S. 스타인백, W. 스타인백(1988). 질적 연구의 이해와 실천. 김병하 (역)(서울: 특수교육. 1992).

김용태, 박한샘(1997). 청소년 친구 따돌림의 실태조사. 재단법인 청소년대화의 광장. 제 14회 특수상담사례연구발표회자료집 따돌리는 아이들, 따돌림 당하는 아이들. 46-66.

김제한, 이달호(1982). 교육심리학. 서울: 학문사.

김청자(1993). 공격유발요인과 판단에 관한 연구. 성신여자대학교 박사학위논문.

김태련, 이명선 역(1995). 무엇이 여성을 분노하게 하는가. 서울: 이화여자대학교 출판부. [Lerner. H. G. The Dance of Anger. The New York Times.]

박성희(1997). 상담학 연구방법론. 서울: 양서원.

신경림 역(1997). 질적간호연구방법. 서울: 이화여자대학교 출판부. [Morse, J. M. & Field, P. A. (1995). Qualitative Research Methods for Health Professionals. London: Chapman & Hall]

이은순(1998). 청년기와 정서. 청년심리학. 서울: 학문사.

Adams, D. B. (1986). Ventromedial tegmental lesion abolish offense without

124

disturbing predation or defense. *Physiology & Behavior. 38.* 165-168.

Alschuler, C. F., & Alschuler, A. S. (1984). Developing healthy responses to anger: The counselor's role. *Journal of Counseling and Development, 63,* 26-29.

Averill, J. R. (1982). *Anger and aggression: An essay on emotion.* New York: Springer-Verlag.

Averill, J. R. (1983). Studies on anger and aggression: Implications for theories of emotion. *American Psychologist. November.* 1145-1160.

Bain, J. (1987). Hormones and sexual aggression in the mail. *Integrative Psychiatry. 5.* 82-89.

Bard. P. (1934). The neurohumoral basis of emotional reactions. In C. A. Murchison(Eds.). *Handbook of general experimental psychology.* Worcester, MA: Clark University Press.

Baron, R. (1977). *Human aggression.* New York: Plenum Press.

Barrell, J. J., Medeirros, D. Barrell, J., & Price, D. (1985). The Causes and treatment of performance anxiety: An experiential approach. *Journal of Humanistic Psychology, 25.* 106-122.

Barrell, J. J., Anastoos, C. C., Richard, A. C., & Aron, M. (1987). Human science research methods. *Journal of Humanistic Psychology, 27,* 424-457.

Berkowitz, L., & Turner, C. (1974). Perceived anger level, instigating agent, and aggression. In H. London & R. E. Nisbett(Ed.), *Cognitive alteration of feeling states.* Chicago: Aldine.

Berkowitz, L. (1989). Frustration-aggression hypothesis: examination and reformulation. *Psychological Bulletin. 106.* No.1. 59-73.

Berkowitz, L. (1990). On the formulation and regulation of anger and association: A Cognitive-neoassociationistic analysis. *American*

Psychologist. 45. No.4. 494-503.

Buss, A. H. (1961). *The Psychology of Aggression.* New york: John Wiely.

Buss, A. H. (1971). Aggression pays. In Singer, J. L. (Ed.). *The control of aggression and violence: Cognitive and physiological factors.* Academic Press.

Buss, A. H. & Perry M. (1992). The Aggression questionnaire. *Journal of Personality and Social Psychology. 63,* 3, 452-459.

Buck, R. (1976). *Human motivation and emotion.* New York: John Wiely and Sons.

Calson, N. R. (1991). *Physiology of Behavior.* Boston: Allyn & Bacon.

Cannon. W. B. (1927). The James-Lange theory of emotions: A critical examination and an alternative theory. *American Journal of Psychology. 39.* 106-124.

Collier, G. (1985). *Emotional expression.* Hillsdale. New Jersey: Lawrence Erlbaum Associates, Inc.

Crane, R. (1981). *The role of anger, hostility and aggression in essential hypertension.* Unpublished doctoral dissertation. University of South Florida. (고영인, 1994에서 재인용)

Deffenbacher, J. L., Story, D. A., Hogg, J. A. & Brandon, A. D. (1987). Cognitive-relaxation and social skills interventions in the treatment of general anger. *Journal of Counseling Psychology. 34.* No.2. 17-176.

Dollard, J., Doob, L. Miller, N., Mowrer, O., & Sears, R. (1939). *Frustration and aggression.* New Haven, CT: Yale Univ. Press.

Edmunds, G. & Kindrick, D. C. (1980). *The Measurement of human aggressiveness.* Chichester, England: Ellis Horwood.

Ekman, P. Friesen, W. & Ellsworth, P. (1982). What emotion categories or dimensions can observers judge from facial behavior? *Emotion in human face.* In Ekman, P. (Ed.). Cambridge University Press.

Elkind, D. (1967). Egocentrism in adolescence. *Child Development. 38.* 1025-1034.

Erickson, F. (1986). Qualitative methods in research on teaching. In M. C. Witrock(ed.), *Handbook of research on teaching.* New York: MacMillan.

Feindler, E. L. (1989). Adolescent anger control: Review and critique. In Hersen, M., Eisler, R. M., & Miller, P. M. (Ed.) *Progressing behavior modification.* Newbury Park, CA: Sage. (강신덕, 1995에서 재인용)

Feshbach, S. (1964). The function of aggression and the regulation of aggressive drive. *Psychological Review. 71.* 267-272.

Feshbach, S. (1970). Aggression. In P. H. Mussen(Ed.). *Carmichael's manual of psychology.* New York: Wiley. pp.159-259.

Friedman, M., & Rosenman, R. H. (1974). *Type A behavior and your heart.* Greenwich: Conn Fawcett Publications Inc.

Frijda, N. H. (1986). *The Emotions.* Cambridge University Press.

Geen, R. G. (1990). Approaches to the study of aggression. *Human Aggression.* Open University press Milton Keynes.

Greer, S. & Morris, T. (1975). Psychological attributes of woman who develop breast cancer: A controlled study. *Journal of Psychosomatic Research. 2.* 147-153.

Harrè, R. & Lamb, R. (1983). *The Encyclopedic dictionary of psychology.* Cambridge, MA: The MIT Press.

Hazaleus, S. L. & Deffenbacher, J. L. (1986). Relaxation and cognitive treatment of anger. *Journal of Consulting and Clinical Psychology. 54.* No.2. 222-226.

Heppner, P. P., Kivlighan, D. M., Jr. & Wampold, B. E. (1992). *Research design in counseling.* Belmont, CA.: Brooks/Cole.

Heron, John(1981). Experiential research methodology. In P. Reason & J. Rowan(Ed.), *Human inquiry: A Source book of new paradigm Research.* New York: John Wiley & Sons Ltd. 153-166.

Hicks, J. A. & Hayes, M (1938). Study of characteristics of 250 junior high school children. *Child Development. 9.* 219.

Izard, C. E. (1971). *The face of emotion.* New York: Appleton-Century-Crofts.

Izard, C. E. (1977). *Human emotions.* New York: Plenum.

James, W. (1892). *Principles of psychology.* New York: Holt.

Kaufmann(1965). Definition and methodology in the study of aggression. *Psychological Bulletin. 64.* 351-364.

Kaufmann(1970). *Aggression and altruism.* New York: Holt.

Keith, O. & Elaine, D. (1994). The Experience of emotion in everyday life. *Cognitive & Emotion. 8(4).* 369-381.

Kendall, P. C. (1993). Cognitive-behavioral therapies with youth: Guiding theory, current status, and emerging developments. *Journal of Consulting and Clinical Psychology. 61.* No.2. 235-247.

Laschet, U. (1973). Antiandrogen in the treatment of sex offenders: Mode of action and therapeutic outcome. In J. Zubin and J. Money(Eds.). *Contemporary sexual behavior: Critical issues in the 1979's.* Baltimore, MD: John Hopkins University Press.

Larson, J. D. (1992). Anger and aggression management technique through the think first curriculum. *Journal of Offender Rehabilitaion. 18(1/2).* 101-117.

Larson, R. & Asmussen, L. (1991). Anger, worry, and hurt in early adolescence. In M. Colton & S. Gore(ed.). *Adolescent stress.* Aldine De Gruyter: New York.

Lazarus, R. S. (1991). *Emotion and adaptation.* New York: Oxford University

Press.

Lorenz, K. (1966). *On aggression*. Methuen.

Mattews, K. A. (1977). Competitive drive, pattern A and coronary heart disease: A further analysis of some data from the western collaborative group study. *Journal of Chronic Disease, 30,* 489-498.

Moyer(1968). Kinds of aggression and their Physiological basis. *Comm. Behav. Biol., 2.* 65-87.(Baron, R. 1977에서 재인용).

Novaco, R. W. (1975). *Anger Control*. Lexington, Mass: D. C. Health.

Novaco. R. W. (1977). A Stress innoculation approach to management in the training of law enforcement officers. *American Journal of Community Psychology.* 327-346.

Novaco, R. W. (1979). The cognitive regulation of anger and stress. In P. C. Kendall & S. D. Hollen(ed.) *Cognitive-behavioral interventions: Theory, research, and procedures.* New York: Academic Press.

Olweus, D., Mattsson, A., Schlling, D., and Low, H. (1988). Circulating testosterone levels and aggression in adolescent males: A causal analysis. *Psychosomatic Medicine. 50.* 261-272.

Plutchik, R. (1980). *Emotion: A psychoevolutionary synthesis.* New York: Harper & Row.

Rothenberg, A. (1971). On Anger. *American Journal of Psychiatry. 128:4.* October. 454-460.

Rubin, R. T. (1982). Testosterone and aggression in men. In J. V. Beumont and G. D. Burrows (Eds.). *Handbook of Psychiatry and Endocrinology.* Elsevier Biomedical Press: Amsterdam.

Sharkin, B. S. (1988). The measurement and treatment of client anger in counseling. *Journal of Counseling and Development. april. 66.* 361-365.

Shaver, P., Schwartz, J., Kirson, D. and O'conner, C. (1987), Emotion knowledge. *Journal of Personality and Social Psychology. 52.*

Scott, J. P. (1958). *Aggression.* University of Chicago Press.

Scherer, K. R. & Tannenbaum, P. H. (1986). Emotional experiences in everyday life: a survey approach. *Motivation and Emotion. 10.* No.4. 295-314.

Schachter, S. & Singer, J. (1962). Cognitive, social and physiological determinants of emotional state. *Psychological Review. 69.* 379-399.

Spielberger, C. D. & London(1982). Rage boomerangs: lethal type-A anger. *American Health. 1.* 52-56.

Spielberger, C. D., Rusell, S., Crane, R. J. Jacobs, G. (1983). Assessment of anger: The State-Trait Anger Scale. In J. N. Butcher & C. D. Spielberger(ed.), *Anger and hostility in cardiovascular and behavior disorders.* New York: Hemisphere.

Strongman, K. T. (1987). *The Psychology of emotion.* New York: John Wiley & Sons.

Strauss, A., & Corbin, J. (1990). *Basic of qualitative research: Grounded theory procedures and techniques,* Newbury Park: Sage Publications.

Susman, E. J., Inoff-Germain, G., Nottelmann, E. D., Loriaux, D. L., Cutler, G. B., and Chrousos, G. P. (1987). Hormones, emotional disposition and aggressive attributes in young adolescents. *Child Development. 58.* 1114-1134.

Watson, J. B. (1930). *Behaviorism.* Chicago: University of Chicago Press.

Zillmann, D. (1978). *Hostility and aggression.* Hillsdale, NJ.: Lawrence Earlbaum Associates.

부록 1. 체험분석 소책자

청소년분노체험분석 안내 소책자

연구지도자_____

공동연구자_____

나는 오늘부터 작은 심리학자!!

분노체험연구모임 참가동의서 및 신상기록카드

_____고등학교___학년__반   성별: 남, 여   이름_____

1. 집단에 참여하게 된 동기는? (   )

   1) 선생님이 권유하셔서   2) 친구가 권유해서

   3) 선생님의 설명을 들은 후 자발적으로

   4) 기타: 적어주세요 (   )

2. 종교는? 있다(있다면 어떤 종교인지 적어주세요:), 없다(   )

3. 집단상담경험은? 있다(있다면? :   ), 없다(   )

4. 대학 진학 시 심리학을 전공으로 택할 생각을 해본 일이 있는가?(   )

   1) 한번도 없다.

   2) 단지 생각해 본 일 있다.

   3) 구체적으로 생각해 본 일은 있지만 잘 모르겠다.

   4) 장래 진로를 심리학으로 계획 중이다.

   5) 기타 (   )

5. 이 집단에서 기대되는 점은?

6. 이 집단에 참여하며 우려되는 점은?

7. 가족관계:

관 계	연 령	최종학력	직 업	동거여부

본인은 분노체험연구의 공동연구자로 본 과정 끝까지 성실하게 참여할 것임을 동의 합니다.

연락처 　 주　　소:

전화번호:

호 출 기:

작성일 　1998년 　월 　일

모임이 있는날:

월/일/시간							
장 소							

1-1. 모임의 목적과 과정 소개, 연구자의 역할

체험분석이란?

내 안에서 일어나는 특정체험(예, 분노체험)에서 공통된 요인이 무엇인지 찾아내기 위한 방법이다. 이 모임에서는 분노체험을 살펴보고자 한다. 실제 내 주변에서 일어나는 분노체험을 수집해보고 이 자료들을 기초로 나, 그리고 우리 모두의 분노체험 중에서 공통요인이 무엇인지 살펴보고자 하는 것이다. 이로서 우리는 우리들의 분노라는 정서를 이해할 수 있을 뿐 아니라 나 개인의 분노나 다른 감정을 다스리는데도 도움을 받게 될 것이다.

체험분석과정은?

1. 자신에 대한 신중한 관찰과 집중을 통해 지금 당장 경험한 체험이나 가까운 시간 내에 지나간 체험을 회상해 본다.
2. 일인칭, 현재시제를 사용하여 그것을 기록한다.
3. 1, 2의 방법을 통해 체험기록을 수집한다.
4. 이러한 기록을 모아놓고 공통점이 무엇인지 스스로 질문한다.
5. 다른 연구자들과 토론을 통해 공통점을 확인해 나간다.
6. 최종적으로 공통점을 찾아낸다.
   (예, 분노를 느끼는 모든 상황에 포함된 공통요인은 무엇인가?)

체험분석과정과 공동연구자

체험분석은 누가 누구를 연구하는 게 아니고 내가 나 자신의 체험을 통해 인간을 연구하는 것이기 때문에 나는 한명의 연구자로 활동하게 되는 것이다. 따라서 수동적인 태도를 취하기보다는 내가 나의 체험에 대해 적극적인 관심을 갖고 연구해야 하는 게 특징이다.

1-2. 동의서 및 신상카드 작성

자기소개

간단한 자기소개와 기대되는 점, 우려되는 점, 궁금한 점 등 나누기

1-3. 관련용어설명

분노란 무엇인가?

흔히 "화"라고 말하는 정서상태로 미미한 짜증에서부터 극단의 격노까지를 포함한다. 분노를 느끼면 심장이 뛰고 가슴이 두근거리는 등 신체적 증상을 느낄 뿐 아니라 분노대상에 대한 불쾌한 생각도 들고, 경우에 따라서는 참기도 하지만 다양한 형태의 화풀이를 하기도 하고, 어떤 경우엔 공격행동을 취하기도 한다.

분노의 여러 형태: 화, 분노, 성, 짜증, 신경질 남, 욱하고 올라옴
분노가 일어났을 때의 처리과정: 화내는 행동(사람을 향한 공격행동 또는 물건파괴, 딴전피움), 회피(참음, 넘김), 삭힘(다스림), 분노의 원인을 남의 탓으로 함.

공격행동이란 무엇인가?

타인에게 상처나 상해를 입히고자 하는 의도에 의해 행해지는 신체적-언어적, 직접적-간접적, 능동적-수동적 행동으로, 공격행동이 반드시 분노에 의해 일어나는 것은 아니지만 분노는 공격행동을 일으키기도 한다.

예) 화가 나서 누구를 때렸다.
화가 나서 누구에게 욕을 했다(혹은 심한 말을 퍼부었다).
화가 나게 해서 누구와 싸웠다.
화가 나서 누구의 물건을 망가뜨려 놓았다.
화가 나서 누가 부르는데도 쳐다보지 않았다.

화가 나서 문을 꽝 닫았다 등등 …….

1-4. 체험분석방법 배우기

자기관찰 및 체험기술방법

1. 일상생활에서 당신에게 일어나는 분노체험에 집중하라. 그것을 있는 그
   대로 수용하라.
2. 분노체험이 일어나면서 무엇이 어떻게 일어나는지 질문하는 가운데 자신
   을 관찰하라.
   "분노체험에서 무엇이 일어났는가?", "그 분노를 어떻게 처리하고 있는
   가?", "나에게 화가 난다는 것은 어떤 것인가?", "화가 난 후엔 무엇을
   체험하는가?"
3. 분노체험이 일어난 직후, 혹은 그날 저녁 이 체험을 다시 한번 불러내어
   혼자 체험을 정리해 본다. 이때 공정성을 잃지 않고, 단순히 자신을 경험
   에 개방한 채로, 마치 지금이 그 순간인 냥 체험을 회상하라.
   체험에서 일어난 것은 무엇이나 받아들이고 실제로 일어난 일은 무엇이
   나 인정한다.
   ※ 체험 속에는 느낌(feeling), 사고 (thoughts), 감각(sensation), 행동
     (actions), 의미(meanings)가 포함되어 있다.
4. 체험을 기록하라.
   일인칭, 현재시제로 체험과 관련된 느낌, 사고, 감각, 행동, 의미 등을 기
   록한다. 해석적 설명, 시적 설명, 역사적 설명은 절대로 금물.

분노체험기록 예 1〉

나는 어떤 한사람, 또는 그 사람에 대한 인상에 초점을 맞추고 있다. 이렇게 초점을 맞추다 보니 분명한 생각이 떠오르네: 그 사람이 나한테 한 짓은 정당하지 않다는 느낌과 생각이 들어. 나는 정당하기를 원하고, 그 사람이 한 것과 같은 부당함이나 불의가 없어지기를 바래. 그런데 실제는 그게 아니란 말이야. 부당한 일은 이미 일어나고 있잖아. 이런 느낌, 생각 때문에 내 호흡이 점점 거칠어지고 몸에 압박이 가해지는 것을 느끼고 있어. (부당함, 부당함이 없어졌으면 하는 마음)

분노체험기록 예 2〉

나는 동아리에서 이번에 회장이 될 수 있을 거라는 생각을 하고 있었다. 내가 그동안 남보다 열심히 활동했으며, 지난번엔 어느 회사로부터 기금도 얻어오는 수훈을 세웠으니까 친구들은 나를 동아리 대표로 뽑아줄 것이라는 생각이 들었다. 그런데 이번 선거를 앞두고 선배 몇 명이 내가 뒤늦게야 동아리에 들어왔기 때문에 회장후보가 될 수 있겠느냐는 회의적인 말을 했다는 것이다. 친구로부터 이 말을 전해 듣고 몹시 화가 나는 걸 느꼈다;

이미 내가 만들어놓은 계획이 수포로 돌아갈 것 같다는 불길함과 이 일이 잘 안될지도 모른다는 불안감이 현실화되는 것을 느낀다. 나는 동아리를 더 잘 이끌어가기 위해서 나름대로 좋은 계획도 갖고 있었는데 그것들이 다 무너질 것을 생각하니 더 화가 났다. 앞으로 이 난국을 어떻게 수습하나 하는 아찔함. 왜 열심히 하는 사람을 몰라주나 하는 억울함. 세상이 공평치가 않고 순리대로 풀리는 일이 없구나하는 느낌. 돌아가는 전후사정을 다 고려해봐도 이래선 안 되는 거라는 생각. 나만큼 열심히 뛴 사람이 어디 있나, 나만큼 잘 해낼 사람이 누구인가 하는 생각. 답이 있는데 딴

138

데로 흘러들어 간다는 생각. 자존심이 상하고, 멸시받는 것 같은 느낌도 든다. 반격하고 싶은데 별 방법이 없을 것 같아서 친한 친구한테만 선배들을 비난하며 화풀이를 했는데 그들이 내편이 되어주는 것 같아 다소 풀림.

(내 계획이 수포로 된 것 - 허적, 해결하기 힘든 상황이라는 불안과 절망감, 나를 몰라준다는 절망감, 자존심 상함, 멸시받는 기분, 반격할 방법이 없음 - 선배비난 화풀이 - 다소 풀림)

분노체험기록 예 3〉

오늘 ○○ 과목 성적을 맞춰보고 집에 돌아왔는데 영 성적이 안 좋은 것 같아서 친한 영숙이에게 전화를 걸었다. 그 애한테 수다 떨고 나면 좀 나아지겠지 하는 기대감을 갖고서. 그 애가 나를 위로해 주겠지. 그런데 그 애한테 전화를 걸어 마구 화난 목소리를 내며, 난 8개나 틀렸다. 신경질 났다고 말하자, 그 친구는 갑자기 "나 지금 뭘 좀 하고 있었거든. 나중에 학교에서 보자"라고 하는 것 아닌가;

나는 위로받고 싶어 전화를 했는데 다 듣고 나서 자신이 바쁘다고 전화를 끊자고 하니까 나만 바보가 된 느낌이다. 바쁘면 처음부터 그렇게 말했어야지 내가 8개나 틀렸다는 말 다할 때까지 기다렸다가 바쁘다고 하는 건 또 뭔가. 내 하소연을 듣고 나를 비웃는 건 아닌가? 괜히 내 허점을 보여준 것 같다. 그래도 전화를 걸기 전에 그 애가 나를 위로해 줄 거다, 그 애하고 떠들고 나면 기분이 훨씬 좋아질 거라고 기대했던 나의 어리석음에 대해서도 화가 난다. 내가 그 애한테 너무 의존하는 거 같다는 생각. 그래 다신 이런 전화 안 하마 하는 생각. 그리고 반격하고 싶은 마음. 내일 학교에 가서 마주치면 아는 척도 하지 말아야지. 금방 풀어지지 말고 한참동안 내가 화난 걸 보여줘야지. 영숙이가 어쩔 줄 몰라 하는 장면을 상상하니까 조금 복수한 기분이 든다. (가까운 사람으로부터의 거절, 내가 어리

석었다는 생각, 부당; 친구는 그러면 안 되지 ─ 상상 속에서의 복수 ─ 다소
풀림)

나의 분노체험 기록지

(×12쪽)

년 월 일 분노체험시간(시   분), 기록시간(시   분)

2-2. 체험에서의 공통요인 찾기

이제부터 우리는 분노체험을 할 때 모든 분노마다, 반드시 들어 있는 요
소를 찾아보려고 합니다. 아! 이러면 우리는 화를 내는구나, 바로 이 요인
이 들어 있으면 화가 나게 되는구나 하는 그 요인이 무엇일까요?

그리고 화난 후 공격행동을 하게 될 때는 또 무엇 때문일까요? 다함께
공통요인을 찾아봅시다.

체험에서의 공통요인 찾기

각자의 체험기록에서 발견한 요소를 적어본다(목록표 작성).
분노유발에서의 공통요인은 무엇인가?
분노가 공격행동으로 나타나는 과정에서의 공통요인은 무엇인가?

각 요소의 동등성과 차별성을 검토하기

동등성: 체험에 나타난 요소가 <u>다른 말로 설명되었다</u> 해도 같은 체험을 설명한 것일 수 있다. 서로 다른 말로 설명되었지만 동등한 것이라면 공통요인으로 본다.

차별성: <u>같은 낱말, 용어가 사용되었다</u> 해도 체험내용이 서로 다른 것이라면 공통요인에 포함시키지 않는다.

2-3. 공통요인 찾기 각자작업   (×2쪽)

work paper: 분노가 일어나게 만드는 공통요인

3-1. 공통요인 찾기 집단작업 (×2쪽)

분노가 공격행동으로 표현되게 만드는 공통요인(우리 집단의 발견)

4-1. 체험적 재검증

다시 한번 과거의 체험을 재체험하면서(회상) 목록에 들어 있는 내용을 공통요인에 포함시킬 것인지 아닌지를 결정한다.

---

work paper:

4-2. 필요충분관계의 검토

그 요소의 필요성: 합의된 공통요소들의 목록이 만들어지면 각 요소가 그 체험에 필수적인 것인지를 평가해 본다. 만일에 분노가 그 요소 없이도 일어날 수 있다면 그 요소는 제외된다.

그 요소의 충분성: 그 공통요소가 또 다른 분노를 이끌어내는 데 충분한 요소인가? 첨가될 요소는 없는가?

4-3. 결론 맺기

우리가 분노를 느낄 때 들어 있는 공통요인은?

우리가 공격행동을 보일 때 공통요인은?

공동연구자 참가 소감문

_____학교 _____학년

성별_____ 이름_____

* 본 연구과정상 가장 어려웠던 점, 유익한 점, 보완되었으면 하는 점, 기타 개인적 소감과 에피소드를 적어주세요.

부록 2.

연구지도자용 지침

분노체험집단 지도요령

1. 동기유발과 집단체험에 대한 홍미를 갖게 만들 것.
   집단체험이 자기내성과 정서이해에 도움이 됨을 강조.
   체험분석 외 공동연구자와 가까워지는 시간이 필요함.
2. 매 회기마다 기록을 정리하고 해결해야 할 문제는 연구자 모임을 통해 해결한다. 집단체험 시 특기할 사항도 기록에 포함.
3. 공동연구자들의 모든 기록은 소책자를 이용하도록 할 것.
4. 혹시 잘못 이해하고 힘들어하는 공동연구자에게 관심을 갖고 격려할 것.
5. 준비물: 녹음기와 테이프, 간식, 기록지 등

각 회기별 지도 및 기록 요령

1. 회기
- 본 모임의 목적과 과정, 회기수 설명, 일정 결정.
- 연구자의 역할 설명(자기관찰이 인간을 성숙하게 하며, 집단 후에도 도움을 줄 것임을 강조).
- 동의서 작성 후 누락된 부분은 개별적으로 질문하여 채워 넣을 것.
- 각 개인별로 특기할 사항이 있으면 기록으로 남길 것.

144

- 첫 회기에 다룰 내용이 가장 많음을 알려주어 앞으로 남은 회기에 대한 부담을 없앨 것.
- 최근 분노체험자료 기술을 훑어 본 후 공동연구자 전체를 대상으로 잘 안된 부분에 대해 친절하게 다시 설명할 것.
- 기록사항

  각 개인에 대한 특기사항,

  집단과정 시 특기사항(힘들어하는 것. 반응 등)

  각 개인이 제시한 최근의 분노체험자료(각자 소책자에 남김)
- 과제설명 시 인간이 가장 빈번히 체험하는 정서의 하나가 분노임을 강조. 과제를 기피하는 일이 없도록 할 것.

2회기
- 체험분석결과 발표 시 누락된 부분 질문으로 보충작업
- 공통요인 찾기 작업 전 각자의 체험을 복사 모든 공동연구자가 참고한다.
- 공통요인 목록표 작성 후 집단 전체에서 발표.
- 기록사항

  집단에서 이야기된 내용 기록, 집단과정 시 특기사항

  각 체험분석 발표 시 찾아낸 공통요인

3회기
- 활발한 토론을 촉진시켜야 함. 그러기 위해서는 지도자가 먼저 지난 시간 발표된 내용에 대해 충분히 숙고하고 임해야 함.
- 재검증의 필요성강조

4회기
- 재검증 결과 토론 후, 필요충분관계 살피기에서 여러 가지 화나는 상황

을 상정하며 대입해 볼 기회를 가짐.

지도자용 자료

1. 체험분석방법론
2. 분노체험 지도요령
3. 체험분석과정표
4. work book(지도자 용 & 공동연구자용)
5. 녹음기 및 녹음테이프
6. 참가동의서 및 신상기록카드
7. 지도자용 기록지

부록 3. 공동연구자 분노체험기록(분석용)

1집단(여)

사례 1-1: 98년 9월 15일 분노체험시간 오후 5시쯤 기록시간 오후 8시쯤

	분 노 체 험 기 록	발 견 요 인
분 노 상 황	저녁식사시간이다. 친구 **은 조금 전에 친구들과 다른 곳으로 갔다. 곧 오겠지. 그런데 15분을 기다려도 오지 않는다. 먼저 가지는 않았을 텐데 …… (나는) 아침, 점심도 굶었는데, 저녁까지 굶어야 하나?	배고픔 (생리적 고통)
분 노 유 발	늘 같이 밥을 먹는 친구였는데 말도 없이 어디로 가버리다니 …… 자기는 야자(야간자율학습)안한다고 해서 저녁은 늦게 먹어도 된다는 건가? 어떻게 이야기 한 마디도 없이 횡하니 가버리는지. 나는 무시해도 되는 존재인가? 내가 아침, 점심 모두 굶었다는 걸 알면서. 화가 난다. 나를 일부러 떼어놓고 나간 건 아닌가? 그 애에게서 무시당했다는 생각. 비참함. 나를 이렇게 대한 그 애에 대한 원망. 나도 그 애를 무시해 버리고 싶은 마음. 자꾸 얼굴이 화끈거린다.	기대에 어긋남 그러면 안 되지 하는 생각 무시당함(배려 받지 못함) 상대에 대한 실망, 원망 비참함 얼굴 화끈거림
분 노 처 리	야자 2교시에 들어오면 쳐다보지도 말아야지. 내일도 모레도. 그 애가 말을 걸어도 대꾸를 말아야지. 그 애가 자꾸 민망해 하고 미안해하는 어쩔 줄 몰라하는 모습이 눈에 선하다. **가 들어온다. 하지만 난 모질지 못한가 보다. **가 들어오면서 나에게 웃어 보이지만 나는 무표정해진다. **가 나에게 펜을 빌리면서 말을 걸자 그래도 대꾸는 한다. 결국은 내가 화났다는 것을 그 애에게 이야기 한다. **가 나에게 자기는 내가 저녁을 안 먹겠다고 한 줄 알았다고 오해를 했다고 한다. 어쩌겠는가? 나에게 계속 미안하다고 하는 **에게 화가 풀리지는 않았지만 오해 때문에 그랬는데. 이러다간 정말 친구 잃겠다. 계속 화를 낼 수가 없다. 그래서 **에게 웃어 보이며 괜찮다고 말한다. 그렇게 나도 모르는 사이에 내가 화가 난 적이 있었는지 알 수가 없다.	맞 무시 당한대로 베풂 계획과 심상 상대안하겠다는 결심. 상대에 대한 무표정 화난 사실을 알림(자기표현) 타협의 필요성 화가 남음 용서

사례 1-2: 98년 9월 17일 분노체험시간 7시 10분 기록시간 다음날 오전 5시 30분

분 노 체 험 기 록	발 견 요 인
분노 상황 야자 1교시가 끝났다. 내 짝 **는 첼로 연습으로 저녁을 먹지 못했다. 그래서 그녀의 동생이 샌드위치를 놓고 갔는데 쉬는 시간에 그녀가 그것을 먹으려고 꺼냈다. 그러니까 애들이 우루루 몰려드는 것이 아닌가. 내가 말을 돌려 '**는 저녁을 먹지 않았어'라고 하는데 막무가내다. 모두 저녁을 먹고서도 ** 것을 얻어먹으려고 ……	
분노 유발 참내 기가 막혀. 어쩜 저럴 수가 있지? 양심이라곤 눈꼽만치도 없네. 쟤네들 뿐 아니라 요즘 애들은 너무 철딱서니가 없다는 생각이 들어. 왜 자신밖에 생각할 줄 모르지? 한심해. 저런 것 보고 있으면 속 터질 것 같아. 속이 꽉 막혀서 체한 것 같은 느낌이야. 한숨이 나오네. 지겨워 죽겠어. 왜 이 모양들이지? 왜 먹을 것에 그렇게 구차해 지는 거지? 오직 먹을 것 …… 저런 것 볼 때마다 비인간적이라는 생각이 들어. 그리고 저들은 먹기 위해 사는 것처럼 보이기도 하고 말야. 쟤네들이 너무 껄끄러우니 나도 모르게 노려보고 있었네. 아니 생각해 보니 또 걸리는 게 있네. 내가 그렇게 쳐다보며 먹지 말라는 시선을 보내고 있는데 그렇게 눈치가 없을까? 하여튼 둔치의 극치다. 저런 뻔뻔한 얼굴들이라니. 별로 말도 안하고 스쳐가는 같은 반 아이일 뿐이면서 먹을 때만 친구, 친구 …… 너무 가식적이다. 구역질이 나올 것 같아. 가식적이란 것은 너무 싫어. 얼굴에 '가식'이란 것을 도배했어. 지겹고 파렴치해. 보면 볼수록 화가 나. 이젠 얼굴이 굳어지는 걸 느껴. 눈빛이 싸늘해지고 입은 축 쳐져서 꼭 다물고 무표정의 얼굴 …… 저런 것을 볼 때마다 나는 얼굴이 굳어지곤 해.	저래선 안 되지 실망 속 터질 것 같다=체한 느낌 한숨 노려봄 눈치가 없음에 더욱 화남 얼굴이 굳어짐 (무표정)
분노 처리 마음속의 일을 얼굴로 드러내선 안 되는데 …… 이것이 너무 안 된다. 난 너무 비관적인 시선을 가진 것 같아. 그래서 저 치들이 그렇게 껄끄럽게 느껴질 수도 있다. 다수가 그렇게 하는데 …… 오히려 내가 이상할지도 몰라. 머리가 아프다. 조금만 생각해도 머리가 아프니 …… 지겹다. 생각하지 말아야지. 한숨만 나오네. 피곤해. 이런 생각을 한다는 것이. 오늘 하루피로가 몰려오는 것 같아. 몸과 마음이 지치는 것 같아. 목뒤가 뻐근해. 쟤네들의 그런 행동이 너무 싫지만 내가 싫어한다고 하지 않을 것도 아니고 …… 지금 상황으로는 내가 옳다고 할 수도 없겠지. 쟤네들 입장에선 내 생각만이 존재하는 것은 아닐 테니까 말야. 이젠 이런 일에 신경 끄고 살아야겠어. 머리가 너무 아프니까. 차라리 내가 그 모습을 안 보는 게 낫지. 그래, 그렇게 하는 게 나을 것 같아. 왜 진작에 이 생각을 못했지? 그래 외면하자. 그리고 생각하지 말자. 그냥 있는 그대로 그런가 보다 그리고 사는 게 좋을 것 같아.	이러면 안 되겠다 (생각의 전환) 자기반성 (나는 너무 비관적) 화내봤자 나만 손해 내 생각만 존재하는 것은 아니다. 외면(분노상황회피) 계획(신경 끄고 살아야겠다.)

사례 1-3:98년 9월 13일 분노체험시간 오후 3시30분 기록시간 8시 35분

분 노 체 험 기 록		발 견 요 인
분노 상황	오늘은 **네 가서 단합대회를 하기로 했다. 시장에 가서 먹을 것을 좀 사려고 돈을 모았다. 그런데 ** 가 갑자기 길에서 파는 치킨을 먹자고 하는 것 아닌가? 난 그 전에 친구에게 들은 이야기(그 치킨에서 핏덩어리가 나왔다는 ……)가 있어서 먹지 말자고 했다. **이는 내가 그 치킨이 더러워서 그러는 줄 알고 화가 난 표정으로 '그럼 뭘 먹어?'라고 말했다. **이 화내는 게 무섭다. 눈치 빠른 나는 치킨을 먹어야겠다는 생각이 든다. 그래서 먹자고 했더니 **은 '됐어. 체하겠다' 그러면서 돈을 나한테 주면 아무거나 사오라고 한다. 나와 00은 치킨을 사러 갔고, 사는 동안 잠깐 뒤를 돌아봤더니 어쭈! **이 ++에게 내 욕을 하고 있는 것 아닌가.	
분노 유발	치! 자기도 맨 날 깨끗한 척 하면서 오늘은 왜 저럴까? 욕하지 말자고 한 사람이 누군데 사람이 뭐 저래? 이기심에 가득 찬 앨 줄이야. 정말 별꼴이야. **의 눈치를 보는 내가 너무 바보 같고, 순했던 **이 변하니까 너무 배신감 느끼면서 가슴 한구석이 답답하다. 내 자존심이 무너지는 느낌이 든다. 이대로 집에 가고 싶다.	배려에 대한 거절 실망 변덕스러움 배신감 가슴 답답 자존심이 상처받는 느낌
분노 처리	하지만 내가 돌아가면 사태는 더욱 심각해진다는 걸 느낄 수 있다. 그렇기에 난 오늘 그냥 참기로 한다. 뒷골이 땡기면서 주먹이 쥐어진다. 한숨을 푹 쉬었더니 가슴이 답답한 건 한결 나아진다. 참자, 참자, 참자. **이네 집에 가는 동안 **이 말을 건다. 속이 끓었지만 난 대답을 한다. 억지로 웃는다. 이러는 내가 한심하다.	상황을 판단하는 생각, 그냥 참자하는 결심 (계획) 개운치 않음, 한숨 억지로 웃고 대답, 자기비하 (내가 한심)

사례 1-4: 98년 9월 18일 분노체험시간 오후 8시48분 기록시간 8시 48분

	분 노 체 험 기 록	발 견 요 인
분 노 상 황	펜클럽에서 만난 친구에게서 전화가 왔다. 이래저래 수다를 떨다보니 시간이 많이 지났다. 아니 그리 많이 지난 것도 아니다. 그런데 갑자기 옆방에서 엄마가 수화기를 들고 "뚱아, 너 전화 끊지 못해!" 하며 버럭 소리를 지르는 게 아닌가. 당황한 친구는 얼른 전화를 끊고 나도 전화를 끊었다.	
분 노 유 발	도대체 이게 뭔가? 어떻게 이런 행동을 할 수 있단 말인가? 엄마는 또 시작이다. 방금 전 나와 싸웠기 때문에 또 괜한 곳에 화풀이를 하고 있는 거다. 하지만 그렇대도 이게 뭔가? ** 앞에서 내 체면은 어떻게 되며 또 그 애에게 비쳐진 엄마의 모습은 또 어떠할 것인가? 정말 어이가 없다. 어떻게 그런 행동을 할 수 있지? 지금 당장 엄마 방으로 뛰어 들어가 고래고래 소리를 지르고 싶지만 그러면 엄마도 가만히 있지 않겠지? 엄만 날 때릴 걸? 그리고 언제나 반복하는 그 말 "엄마라고 부르지마"라는 말을 툭 내뱉겠지? 그리고 언제나처럼 모든 것을 내 탓으로 돌리며 내가 손이 발이 되도록 싹싹 빌기를 원하겠지. 하지만 절대로 안 그럴걸? 내가 뭘 잘못했길래? 난 잘못한 것 없다. 내가 그 애에게 전화를 한 것도 아니고 그 애가 나보고 싶다고 전화한건데. 그걸 그렇게 못 봐주나? 이렇게 엄마에게 얘기하면 "다 니가 전활 오래 붙들고 있어서 그렇잖아" 하며 말하겠지. 내가 끊고 싶어야 끊을 수 있는 건가? 그러는 엄만? 엄마는 누구에게 전화 오면 계속 한 시간이고 두 시간이고 하잖아. 그럼 또 그렇겠지? 엄마하고 너하고 똑같냐고. 똑같지 안 똑같을 건 또 뭐야? 항상 같은 일을 당해도 엄만 괜찮고 나만 나쁘지, 엄마가 해도 괜찮은 걸 내가 하면 죽을 죄를 진거지. 그 하찮은 일조차 말야. 그나저나 아까 한 그 행동은 뭐야? 꼭 그렇게 표현해야 했던 건가? 정말 생각하면 할수록 열 받네. 하지만 이렇게 열 받아도 난 아무 말도 할 수 없다. 거 되게 서럽네. 정말 서럽네. **한테 너무 미안하다. 얼마나 놀랐을꼬? 그렇게 갑자기 버럭 소리를 질러댔으니 …… 내일 미안하다고 메시지 남겨야지.	이래선 안 되지 반복되는 문제 (또 시작) 체면손상＝자존심 상함 어이없음 상대에 대해 이해 안됨 분노폭발충동 부당함 실망 참을수록 화가 남 화풀이 못해 서러움
분 노 처 리	그러고 보니 약간 걱정이 되네. 엄마의 그 싹둑 맞은 표정이 눈에 선하네. 그 땍땍거리는 목소리가 벌써부터 들리는 것 같아. 정말 엄마는 이해할 수 없는 동물이라는 생각이 든다. 언제나처럼 난 그냥 또 잘 준비를 하자. 자고 싶다. 잘 거다. 자면서 모든 걸 다 잊어버릴 수 있을 거라 생각한다. 눈을 감는다. 내 자신에게 최면을 건다. 졸음이 온다. 졸음이 온다. 모든 걸 다 잊을 수 있을 거라고.	참지 않으면 상황이 더 악화됨, 잠을 청함. 분노상황회피

사례 1-5: 98년 9월 18일 분노체험시간 오후 6시20분 기록시간 7시 30분

	분 노 체 험 기 록	발 견 요 인
분 노 상 황	남학교 축제에 가서 방명록을 썼더니 그걸 보고 에프터가 들어왔다. 가슴이 뛴다. 잘 생겼을까? 만나기로 한 곳에 가보니 이상하게 생긴 애 하나가 왔다 갔다 한다. 설마 쟤는 아닐 거야. 그런데 친구들이 오더니 "야 저기 있어. 저 어벙하게 생긴 애" 그 애가 웃으며 날 반겼고 나는 하늘이 무너지는 것 같았다.	
분 노 유 발	어쩜 저렇게 어설프게 생겼냐? 열여덟(욕설). 미치겠다. 깬다. 이렇게 입고 나온 게 아깝다. 어벙벙하고 …… 어벙벙하고 어설프게 생긴 것 까지는 봐주겠는데 게다가 짠돌이야? 어휴 뭐? 노래방 가자니까 자긴 여자랑 노래방 안 간다구? 그냥 음치라고 해. 너 그럼 누구랑 노래방 가냐? 이 ××야. 스티커 사진 찍으러 가서 잘못 나왔다고 계속 말하고. 지겹다. 너 남자 맞냐? 이 쪼다. 이 쪼잔한 ×. 니 얼굴이 그런 걸 어쩌냐? 열여덟. 미치겠다. 어휴. 어디 누가 나 안 건드리냐? 열 받는데 …… 화풀이나 하게. 애들 오라고 해서 밟아 버릴까? 오 마이 갓. 내가 무슨 죄가 많다구. 그리고 선물 안 해도 된다면서(미리 그 애 생일임을 알았음) 계속 물어봐? 미친 ×. 내가 니 속 모를 줄 알아? 나두 다 써먹었어. 이 ××야. 열여덟. 니 다시는 나가지 말아라. 돌 맞는다. 응? 이 꺼벙아. 내가 지금까지 얼마나 가슴 조리면서 이 날을 기다렸는데. 오 마이 갓. 내가 이럴 줄 알았어. 정말.	실망 거절=자존심 상함 부당(오 마이 갓)
분 노 처 리	애들 만나서 노래방이나 가야지. 아니면 공원에 가서 얘기나 하던지. 이런 생각하니까 기분이 훨씬 좋아진다.	분노를 해소 할 계획 자기위안 잘 될 것 같은 느낌

사례 1-6: 98년 9월 17일 분노체험시간 오후 6시쯤 기록시간 8시쯤

분 노 체 험 기 록		발 견 요 인
분 노 상 황	오늘은 용돈 받는 날이다. 아침에 아버지께 6만 원을 받은 후 학교 가는 길에 2만 원어치 회수권을 샀다. 아 이제 4만 원 남았네. 4만 원이 남은 난 기대에 부풀었다. 친구들과 맛있는 거 사먹구 지난달과는 다르게 풍요롭게 살 수 있을 거라는 …… 그러나 난 친구들과 먹을 것을 사먹은 후 명동에 가서 선물과 액세서리들을 샀다. 내 용돈은 1,900원 남아 있었다.	
분 노 유 발	가슴 철렁. 병신. 미쳤지, 미쳤어. 무슨 깡으로 그걸 다 쓰냐? 이번 달도 빈대야. 차라리 말이나 말지. 아까 계획적인 소비를 하겠다고 그렇게 다짐을 했으면서 …… 병신 …… 죽어라. 죽어. 살면 뭐 하나? 에고 이번 달은 또 어떻게 사냐? 또 아빠한테는 뭐라고 하지? 휴 내 팔자야.	기대가 무너짐. 자책감 자신에 대한 실망 이래선 안 되는데…… 가슴 철렁 자존심상하는 상황이 연상됨
분 노 처 리	아니야. 마누라(동성의 단짝 친구를 칭함)가 먹여 살려 주겠지? 히히. 안심. 그래두 걱정이네. 이번 달도 죽었네. 도대체 해결할 수가 없다. 그냥 시간이 빨리 흘러가기를 바랄 수밖에.	해결의 실마리 찾음 한편으로는 걱정(걱정반,안도반), 애써 안도하려 함.

2집단(여)

사례 2-1: 98년 9월11일 분노체험시간 오후 5시 기록시간 오후 11시 10분

분 노 체 험 기 록		발 견 요 인
분 노 상 황	집에 와보니 엄마가 편지를 써놓고 할머니 댁에 가셨다. 난 할머니 댁에 전화를 건다. 5째 이모가 전화를 받는다. 이모가 엄마가 아직 도착을 안 했다고 한다. 이모랑 사오정 시리즈를 얘기하며 웃음보를 터트린다. 근데 이모가 '너 듣자하니 공부 못한다고 하더라?' 하고 말한다.	
분 노 유 발	나는 그래두 웬 만큼은 한다고 말한다. 그러면서 내심 성질이 난다. 그런데 이모가 반에서 0등 해서 서울에 있는 대학에 갈 수 있을 것 같으냔다. 그래도 난 그냥 웃어넘기며 아직 시간이 많으니깐이라고 대답한다. 근데 이모가 너네 언닌 요즘 안 된다며? 한다. 그러면서 꼭 우리 언니가 대학에 당연히 떨어질 것 같이 얘기한다. 너도 언니처럼 될거냐면서.. 너무 열 받는다. 자기 아들은 얼마나 공부를 잘한다고 그러는지.	무시당함 당황스러움 서운함, 실망감 지가뭔데=잘난 척
분 노 처 리	나중에 커서 누가 더 성공하는지 두고 볼 테다. 자기 아들이 초등학교에서 공부 잘 한다구 커서도 잘한다는 보장은 없으니까! 정말 이모의 말투, 행동들 너무 짜증이 난다. 절대로 풀릴 수 없다.	속으로 욕함=윗사람 이므로 언니하고 같이 욕함 지금은 참자고 다짐 나중에 두고 볼 테다

사례 2-2: 98년 9월13일 분노체험시간 오후 8시 50분 기록시간 9월 14일 오후 1시 18분

	분 노 체 험 기 록	발 견 요 인
분 노 상 황	심심하다. **에게 전화를 건다. **와 하릴없는 얘기를 하다가 오늘 저녁 때 본 TV프로가 생각나 **에게 얘기를 한다. 못 봤다는 **한테 신나게 얘기를 해주고 있는데 엄마가 들어온다. 그러고는 전화하고 있는 날 보더니 전화요금 나온다. 빨리 끊으라고 야단을 친다. 난 너무 짜증나고 신경질이 나 전화를 끊는다.	
분 노 유 발	맹세코 난 10분도 안했는데! 정말 기가 막힌다. 자기가 뭘 안다고 야단인지! 정말 짜증나. 막막한 느낌이 들어 꼼짝 않고 있다가 나가고 싶어서 구실을 만들기 위해 &&이 네 집에 전화를 거는데 엄마가 지나가다 또 그걸 보더니 아직도 안 끊었냐며 또 난리다. 정말 뭘 안다고 난리야! 나는 엄마의 꾸중은 듣지 않고 정면 한구석을 뚫어지게 노려본다. 신경도 안 쓰고 싶다. 짜증 ……	억울함 무시하고 싶다 가슴이 답답함, 막막한 느낌 엄마의 행동이 이해 안 됨 노려봄
분 노 처 리	당장 전화를 끊고 내 방으로 가 불을 끄고 잠이나 자야지 하는 생각으로 드러눕는다. 더워서 - 솜이불을 덮고 있자니 더워 침대 옆에 있는 작은 선풍기로 손을 뻗치다가 선풍기가 넘어진다! 그 녀석은 조각났다. 아~ 더 짜증나. 그래도 좀 풀린 느낌이야	엄마한데 화내면 상황이 더 나빠짐 잠을 청함 선풍기가 부서짐: 엄마가 괜찮냐고 물음: 화가 조금 풀림 조금 배려 받았다는 생각

사례 2-3: 98년 9월 12일 분노체험시간 오후 5시 35분 기록시간 10시 40분

분 노 체 험 기 록		발 견 요 인
분 노 상 황	기분 좋은 토요일 오후 나는 TV를 보며 학원 갈 준비를 하고 있다. 학원에 가기 전 까지는 30분이 남아 있으므로 6시 이후에 못 볼 TV를 보며 즐거워라하고 있다. 전화벨이 울린다. 나는 전화를 받았다. 전화를 건 사람은 학원의 여자 선생님이시다. 근데 선생님이 하시는 말 "학원이 5시부터란다. 빨리 와라!" 난 놀라며 "오늘 6시부터 수업인데요" 하고 말씀드렸다. 그랬더니 선생님께서는 시간이 5시로 바뀌었다며 빨리 준비하고 오라고 한다.	
분 노 유 발	난 너무 화가 났다. 학원 수업시간이 바뀌었으면 미리 말을 해줘야지 정말 이럴 수는 없다고 생각한다. 수업도 1시간이나 못 듣구 시간을 바꿈으로써 보던 TV도 못 보고 진짜 열이 받았다. 이따 학원에 가서 교무 과장한테 뭐라고 말을 해야겠다. 으~ 화나. 아빠가 힘들게 벌어온 돈으로 학원비를 낸 것인데 1시간이나 빼먹으니 억울함. 나를 뭐로 보고 연락도 제대로 안 해주나 무시당함 느낌.	내 일에 차질을 빚음 속으로 욕함: 윗사람인 교무과 장한테 한마디 하겠다고 다짐 자존심 상함 손해 본 느낌 억울함
분 노 처 리		화를 낼 상대가 그때 없어서 시간이 지나자 다소 풀렸음

사례 2-4: 98년 8월 26일 분노체험시간 오후 5시 35분 기록시간 오후 10시 23분

	분 노 체 험 기 록	발 견 요 인
분 노 상 황	다롱이가 아프다. **이와 함께 동물병원에 간다. 버스 기사가 "개는 안돼!"라고 한다. 그냥 탄다. 화가 난다.	다롱이(개)가 아픔 버스기사의 불친절
분 노 유 발	욕이 나오려 하지만 참는다. 병원에 도착한다. 의사가 성의 없이 치료를 한다. 값도 비싸다. 사기꾼 녀석들 …… 집에 왔다. 며칠이 지나고 다롱이 병은 나아간다. 그런데 의사 실수로 생긴 또 다른 병이 다롱이에게 발견된다. 당장 병원까지 달려가 화내며 따지고 싶다.	욕을 참음 부당함 (값이 비쌈) 무시당하는 것 같음 화내며 따지고 싶음 (그러나 날 상대 안할 것 같음) 내가 참자=엄마와 욕함
분 노 처 리	집에 와서 엄마와 의사를 욕하고 있다. 돌팔이 자식들 …… 불신감이 생기고 다롱이의 고통을 생각하니 마음이 아프다. 다시는 그 병원에 가지 않겠다고 다짐함.	엄마와 욕함 다시는 그 병원에 가지 않기로 다짐

사례 2-5: 기록일 98년 9월 12일 분노체험시간 오후 5시 30분 기록시간 오후 9시 55분

	분 노 체 험 기 록	발 견 요 인
분 노 상 황	오늘 방과 후 점심을 먹고 친구네 집에 간다. 오랜만에 만난 친구와 아주 즐거운 시간을 보낸다. 즐거운 마음을 가지고 난 집을 향한다. 난 지금 약간은 피곤한 상태이다. 집에 아무도 없어 열쇠로 문을 연다. 난 피곤해서 씻고 자려고 한다.	피곤, 지쳐있음
분 노 유 발	그런데 오빠가 밥을 먹고 치우지도 않은 채 나가서 집이 어질러져 있다. 난 짜증이 난다. 왜냐면 오빠는 항상 자신이 먹은 후 반찬 등을 잘 안 치우기 때문이다. 그래서 항상 내가 치운다. 평소 같으면 그냥 치울 수도 있지만.	집이 어질러져 있음 왜 나만 늘 치워야 하나=부당함, 억울함 오빠가 이해가 안 됨= 자신의 일은 자신이 해야지
분 노 처 리	피곤이 쌓여 있던 난 짜증이 나서 그냥 자버린다.	자버림 – 회피 오빠에 대한 이해 (고3-피곤할 것)
추 가 설 명	오빠한테 화내도 오빤 그때뿐이고 다음에 또 그런다. 오빠한테 공격을 해도 이길 수가 없다.	상대가 강함. 화내 봤자 소용없다는 판단

3집단(남)

사례 3-1: 기록일 98년 9월 15일 분노체험시간 오후 12시 50분 기록시간 6시 30분

	분 노 체 험 기 록	관 련 요 인
분 노 상 황	점심시간이다. 나는 오늘도 **와 이야기를 하는데 옆 반 && 옆에 와서 내게 말하기를 '이 인간 말종아, 좀 둥글둥글 하게 살아. 왜 이리 모나게 사냐' 하는 데 이게 또 '싸가지를 어디다 감춰났냐'고 한다. 점점 화가 치민다.	친구와 이야기 하는데 방해됨 터무니없는 욕설을 함
분 노 유 발	나는 주먹을 쥐고 얼굴이 붉어지고 너무 화가 난다. 저걸 확 때려 버릴까?	부당하게 욕을 먹음. 얼굴이 붉어짐. 때려주고 싶음
분 노 처 리	하지만 그냥 무시하고 교실로 들어간다. 그래도 여전 히 기분은 나쁘다.	화난 걸 알았겠지. 같이 욕하면 나도 똑같 으니까 피함.

사례 3-2: 기록일 9월 12일 분노체험시간 오후 2시 기록시간 오후 2시 15분

	분 노 체 험 기 록	관 련 요 인
분 노 상 황	5교시 음악시간이야. **가 볼펜으로 옆구리를 쿡쿡 찌르네. '대가리는 남산만한게 키는 멀대같이 커가지 고, 그리고 찌르는 데 가장 확실한 무기는 젓가락이 야'라고 떠벌리면서 계속 찌르는 거야.	신체적 공격
분 노 유 발	왜 자꾸 성가시게 구는 거야. 나도 콱 찌르고 싶다. 대가리라고 나쁜 놈. 남의 신체를 가지고 놀리다니. 참을 수 없어.	욕설과 공격당함 기분 나쁨
분 노 처 리	하지만 **는 힘도 센데. 저번에는 ##도 당했는걸. 괜히 대들면 더 찌를지도 몰라. 그냥 일어나서 화장 실에 간다.	그냥 참음 회피

사례 3-3: 기록일 98년 9월 17일 분노체험시간 오후 1시 45분 기록시간 오후 2시 16분

	분 노 체 험 기 록	발 견 요 인
분 노 상 황	지금은 음악시간이야! 난 열심히 수업에 최선을 다하고 있는데 **가 같이 &&에게 장난을 치자고 하는 거야. 그렇지만 난 마음이 내키지 않아서 싫다고 했지. 그런데도 **은 &&에게 장난을 쳤어. 그런데 이게 웬 일이야. &&은 나한테 화를 내는 게 아닌가. 난 장난 안쳤는데 ……	
분 노 유 발	&&는 날 의심하네. 난 억울해. 장난 친 **에게도 화나지만 &&가 날 의심하는 게 난 더 화가 나. 나 같으면 &&를 믿었을 텐데. 서로 믿는 그런 친구가 아니다. 서로 믿는 친구를 만났으면 좋겠어.	억울함 의심받음
분 노 처 리	너무 화나서 &&에게 말도 안하고 그냥 교실 밖으로 나왔어. 다시는 얘기하고 싶지도 않아.	상황회피 화나지만 그냥 참음.

사례 3-4: 기록일 98년 9월 12일 분노체험시간 오후 6시 30분 기록시간 오후 10시

	분 노 체 험 기 록	발 견 요 인
분 노 상 황	동생의 시험공부를 도와주려고 방에 들어갔는데 놀고 있는 동생을 보니 화가 난다. 공부시키려고 앉으라고 하니까 다 했다는 거다. 그래서 뒤통수를 때렸는데 잘 하고 있는 애를 왜 때리냐고 대든다. 내가 분명히 놀고 있는 것을 확실히 보았는데 거짓말까지 하네.	동생에게 보여준 관심이 무시당함. 거짓말까지 함.
분 노 유 발	뒤통수를 더 세게 때린다. 나쁜 놈. 맘 같아서는 확 패주고 싶지만 엄마한테 혼날까봐 그러면 안 되겠지. 형을 무시하다니 도와주겠다는데 지가 잘하면 얼마나 잘 하나. 두고 보겠어.	뒤통수를 더 때려주고 확 패줄까. 형을 무시해?
분 노 처 리	시험기간인데 내가 참아야지. 그래도 내말을 무시하다니 화가 난다.	화나지만 시험기간이라 참음.

사례 3-5: 기록일 98년 9월 17일 분노체험시간 오전 8시 5분 기록시간 오후 3시

	분 노 체 험 기 록	발 견 요 인
분 노 상 황	보충지리시간이다. 나와 내 짝 **는 둘 다 책을 가져오지 않았다. 할 일이 없는 우리는 책상 위에 아무 것도 두지 않은 채 떠들고 있는데 선생님이 우리 둘을 뒤로 보낸 거야. 우리도 물론 떠들었지만 다른 애들도 다 같이 떠들었는데.	나만 걸림
분 노 유 발	그런데 왜 우리만 걸린 거야. 다른 애들도 다 떠들었잖아요라고 소리치고 싶다. 그냥 나가 버릴까? 너무 화난다. 왜 우리만 ……	억울함. 차별받음
분 노 처 리	그럴 순 없지, 선생님인데. 더 혼날라. 그냥 참자.	화나지만 그냥 참음. 회피.

사례 3-6: 기록일 98년 9월 10일 분노체험시간 오후 6시 5분 기록시간 오후 9시

	분 노 체 험 기 록	발 견 요 인
분 노 상 황	나에게 아니 모든 학생에게 중간, 기말고사와 같은 시험이란 존재는 무겁고 힘겹게만 느껴진다. 그 이유 중 하나는 엄마의 핀잔 때문이다. '실망이다. **는 어떻다더라'라면서 나를 비난한다. 시험 못 보면 스스로에게 화가 나는데 엄마는 나를 위로해주기는커녕 ……	위로받았으면 격려받았으면
분 노 유 발	그렇게 비난하지만 말고 좀 위로해 주세요. 땅미 나고 다시는 성적표 보여주지 말아야지. 다시는 엄마하고 말하지 말아야지.	내 마음을 몰라 줌 야속함
분 노 처 리	엄마가 결국은 나를 위해서 하는 말일거야. 화를 풀어야지.	합리화 그냥 삭임. 회피

사례 3-7: 기록일 98년 9월 10일 분노체험시간 오후 4시 30분 기록시간 오후 6시 30분

	분 노 체 험 기 록	발 견 요 인
분 노 상 황	오늘 CD 게임방에 아이들과 갔는데 **가 있네. 그런데 나는 **와 게임하는 게 싫어. 왜냐하면 **는 항상 얍삽하게만 하고 잘 못하는 애들한테 너무 심하게 하기 때문이야. 그래서 같이 안하려고 하는데 자꾸 같이하자고 하네.	짜증나게 함
분 노 유 발	아니나 다를까? 역시 얍삽하게만 하네. 어쩔 수 없이 같이 하는데 정말 화가 나.	동등하게 게임을 하지 함. 약 올림
분 노 처 리	졌다. 역시 **는 나쁜 놈이야. 절대 같이하지 말아야지.	화남. 얼굴 빨개짐. 다시는 얼굴보고 싶지 않음.

4집단(남)

사례 4-1: 기록일 98년 9월 26일 분노체험시간 오후 12시 기록시간 오후 4시 30분

	분 노 체 험 기 록	발 견 요 인
분 노 상 황	친구에게 여자를 소개받기로 했어. 두시에 만나기로 해서 힙합 바지도 사고 친구들과 했던 약속도 모두 펑크 내고 …… 그런데 삐삐 음성녹음에 여자애가 나오지 못한다는 것이다. 옷도 새로 샀는데 모두 헛게 되어버렸다. 정말 화난다.	계획이 어긋남 우습게 되어버림
분 노 유 발	여자고 뭐고 펑크 내는 애는 만나지 말아야지. 전화번호를 알아내서 따질까? 연결해 준 친구한테도 뭐라고 좀 해줘야겠다. 그런 애를 다 소개시켜 준다고 하다니, 나를 어떻게 보고 정말 욕이라도 해주고 싶다.	나를 무시함. 미리 연락 해주는 매너 없음. 차리고 나간 내가 비참함.
분 노 처 리	다른 여자후배를 만나야겠다. 집에다 친구 생일이라고 했는데 그냥 들어가면 안돼.	상황을 모면하기 위해 다른 여자애를 만나기로 함.

4-1은 이날 분노를 처리하기 위해 여자후배를 만났다가 다시 분노체험을 하게 되었다. 그 기록은 다음과 같다

	분 노 체 험 기 록	발 견 요 인
분 노 상 황	다른 여자애랑 놀다가 걔네 집까지 데려다주고 집에 오니 8시 40분(통금이 7시인데)이라 아버지에게 걸렸다. 아버지 왈 "왜 이렇게 늦었냐? 꼴 보기 싫으니까 들어가자. 안 그러면 치는 수가 있어"	아버지와 약속한 시간 어김. 믿음을 깸.
분 노 유 발	쳐보려면 치라지. 통금시간이 너무 이르잖아. 내가 어린앤가. 정말 화난다. 그럴 사정이 있었는데 믿어주지도 않고 도대체 날 이해해 준 적이 한번도 없다. 거기다 욕까지 하다니 정말 화난다. 내 나이가 몇 살인데 7시가 뭐야? 가축사육장도 아닌데.	내 말을 무시함. 믿어주지 않음. 섭섭함. 억울함. 부당함.
분 노 처 리	화내며 공부 안하고 그냥 잤다.	상황회피, 아버지니까 그냥 참음.

사례 4-2: 기록일 98년 9월 23일 분노체험시간 오후 10시
　　　　　 기록시간 9월 24일오전 5시 40

	분 노 체 험 기 록	발 견 요 인
분 노 상 황	컴퓨터를 켜고 통신에 들어가 채팅을 하고 있을 때 아빠가 들어오더니 전원을 팍 껐다. 왜 그러냐고 물었더니 아빠 왈 공부 안 해? 손 짤리고 싶어라고 협박을 하신다.	발견요인 협박당함. 사생활을 무시함.
분 노 유 발	그 순간 아빠에게 전에 생겼던 분노와 지금의 분노가 겹쳐 미칠 듯이 머리가 아프기 시작한다. 그리고 '공부 왜 해야 되요?'라고 소리 지르고 뛰쳐나왔다.	지난 감정의 겹침. 잔소리가 지나치게 부당함.
분 노 처 리	뛰쳐나와서 오락실 근처 펀칭머신에서 500원어치 주먹을 쓰는데 투자했다. 그게 아빠 얼굴이라고 생각하고 때리니까 180점이 나왔다. 그거라도 되니까 조금 풀린 것 같다. 돈이 없었다면 그때의 나를 예측할 수 없을 거다.	감정의 폭발. 아빠를 때릴 수 없으니까 대리만족.

사례 4-3: 기록일 98년 9월 26일 분노체험시간 낮 12시 40분 기록시간 오후 11시 10분

	분 노 체 험 기 록	발 견 요 인
분 노 상 황	동아리 발표회에 출현한다. 그래서 연습하러 교회에 간다. 학교 끝나고 가보았으나 아무도 없어서 오락실에 다녀왔다. 선배가 피아노를 치고 있어서 인사를 했는데 왜 혼자만 오냐고 화를 낸다. 아무도 없어서 나 혼자 온 건데 ……	황당함, 오해생긴 것 같은데 이해못함
분 노 유 발	내 말은 안 듣고 무슨 소리야. 화난다. 그래서 같은 기 여자 애한테 화를 냈다. 정말 분하다. 지네가 나를 빼놓고 갔으면서 나만 욕을 먹다니 정말 밉다. 모두에게 욕을 해주고 싶다. 정말 같이 어울리려고 했는데 우리기 애들이 날 알아주지 않는다. 지네 끼리끼리 놀고, 내 뒤에서 욕이나 하면서 너무 분하다	억울함. 노력이 허사로 돌아감. 소외당한 느낌. 얼굴이 빨개짐
분 노 처 리	같은 기 여자애한테 소리 지르고 걔가 울고 나간 다음에는 다른 여자 애한테 소리 질렀다.	소리 지름

부록 4.

집단별 체험분석집단과정 요약

1집단(여)

1. 지도자: 본 연구자
2. 회기 및 실시일: 1회기(9월 12일), 2회기(9월 19일),
   3회기(9월 26일), 4회기(10월 2일)

3. 실시장소:
서울시청소년종합상담실 집단상담실: 쾌적하고 조용하며, 방해요인 없음.
단 공동연구자들이 학교에서 이곳까지 교통수단을 이용, 찾아와야 되는 번
거로움이 있었음. 지도자가 지하철 정액권 지급

4. 집단의 특성 및 전체적인 분위기:
여고 2개교에서 자원, 혹은 교사의 권유, 친구의 권유로 모인 고1, 2 여학생
집단. 서로에 대해 관심이 많고 발표력이 뛰어난 편. 학년차에도 불구하고 자
유로운 상호작용이 일어남. 집단목적 외 서로에게 궁금하거나 떠오르는 주변
얘기를 자유롭게 나누는 편이었는데 자연스러운 환경하에서의 자료수집을
위해 이를 어느 정도 허용하면서 오히려 집단응집력을 높이는 데 활용하고
자 하였다. 따라서 분위기가 약간 수다스러운 편이었으며, 집단과정 중에는
1, 2회기 체험분석을 배우고 체험분석을 수집하는 과정을 다소 힘들어했고
이를 분석하는 3회기부터는 비교적 자유롭게 자기의견을 피력하였다.

5. 집단구성원:

1-1 고2.   교사의 권유로 참가. 집단경험 있음. 또래상담자반 반장. '나의 감
           정절제, 친구들을 돕고 싶다'. 긴 머리. 잘 생긴 얼굴. 보통 몸에
           활발하고 소탈한 성격. 약간 목소리를 높여 말하는 편. 학교 근처
           문구점에 스스로 찾아가 아르바이트 자리를 얻어 시간 나는 대로
           근무함. 양친 계시나 화목하지 않다고 기록. 어머니가 스포츠 강
           사. 중학교 다니는 동생 있음.

1-2 고1.   교사소개 후 자발적으로 참가. 집단경험 없음. '분노를 다스리고
           싶다.' 둥글고 붉은 편의 얼굴. 키는 작은 편. 조심스러운 태도이
           나 발표는 꺼리지 않음. 양친 계심. 전문대 다니는 오빠 있음. 현
           재 사회봉사 동아리 활동 중.

1-3 고2.   친구의 권유. 집단경험 있음. '나 자신을 알고 싶고 다스리고 싶
           다.' 갸름한 얼굴에 보통 키. 야무지기보다는 순한 성격으로 보이
           며, 수다스러운 편. 첫날 자기는 쓸데없는 말을 많이 해서 방해가
           될까봐 걱정이라는 말을 함. 1-6과 같은 반으로 친한데 같이 해
           보자고 해서 왔다고 함. 교사가 꿈.

1-4 고1.   교사소개 후 자발적으로 참가. 집단경험 없음. 심리학과 지망. '뭔
           가 중요한 걸 알아낼 것 같다.' 예쁘게 생기고 보통 키. 어머니에
           대한 분노 많고 자신은 분노에 대해 얘기하면 할수록 화가 나는
           형이라고 함. 무남독녀. 양친 계심. 어려서부터 이름 때문에 놀림
           당한 일 많다. 중학교 때 정신과 치료받는 친구보고 그 친구를
           상담해보고 싶었다. 사람 분석하는 것 좋아한다.

1-5 고2. 친구의 권유. 집단경험 없음. '어려울 것 같다.' 약간 날라리형이면서도 귀여운 인상. 1-6과 같은 반은 아니지만 자신을 마누라, 1-6을 남편이라고 부를 정도로 가깝다. 공동연구자 중 표현이 가장 적은 편. 약간 수동적인 태도. 양친과 중학생 동생 있음. 취미는 음악감상.

1-6 고2. 교실에 붙은 광고보고 자발적으로 참가. 집단경험 있음. 사회사업 지망. '나의 발견과 새로운 친구를 사귀는 데 도움이 될 것이다.' 조용히 있다가 자기의견 발표. 표정이 진지해서 호감을 준다. 살이 쪘다고 몸에 대한 불만 여러 번 이야기. 자기 반성적 표현이 많음. 취미는 노래부르기, 음악듣기. 무남독녀.

6. 각 회기별 진행과정

1회기(9. 12 토요일)

첫날은 지도자가 체험분석에 대해 소개하고 체험분석과정과 공동연구자로서 학생들이 도와줄 일에 대해 설명하는 것으로 시작되었다. 토요일 방과 후 곧장 상담실로 왔기 때문에 식사를 못했을 것으로 생각되어 간식을 빵 종류와 음료수로 하였고 공동연구자들은 자유롭게 간식을 먹어가며 지도자의 설명을 들었다. 지도자는 이 집단에서 이루어지는 일은 심리학자들이 인간을 연구하는 방법을 여러분이 그대로 실천해보는 것이며, 그래서 공동연구자로 불리운다는 것. 체험분석을 청소년에게 시도하는 것은 처음인데 예상컨대 여러분이 자신을 성찰하는 방법을 배우게 되면, 인간의 정서를 이해하고, 특히 분노를 다스리는 데 도움이 될 것이라고 집단의 이점을 강조하였다. 덧붙여 인간의 자기성찰능력은 정신적인 성숙에 크게 도움이 된다고 말하였다.

공동연구자들은 준비된 동의서와 신상카드를 작성하고 간단한 자기소개를 하였다. 자기의 주 특징, 동아리 참가여부, 장래희망, 관심사, 그리고 집단에 대한 기대 등을 나누었으며 가족사항은 기록만 참고하고 깊이 다루지는 않았다. 각기 다른 두 학교에서 모인 학생들이라 자기소개 외에도 각자 학교에 대한 정보-매점과 식당이 분리되어 있는지, 냉방장치는 있는지, 축제는 하는지 등등-에 대해 관심을 보이기도 하였다. 서로 만난 것을 매우 즐기는 분위기였고 지도자는 이런 분위기를 잠시 허용하였다. 몹시 수다스러운 분위기였는데 이런 분위기가 집단에 대한 관심으로 이어질 것으로 기대되었다. 공동연구자들은 교사들로부터 집단에 대한 설명을 들었을 때 관심이 있었으나 다른 친구들이 손을 안 들어 선뜻 지망하기가 어려웠다는 말을 하기도 하였다. 집단 일정을 짜고, 마지막 모임은 토요일이 공휴일인 관계로 전날 방과 후에 만나기로 하였다.

그 다음은 관련용어 설명이 이어졌다. 분노와 여러 가지 분노의 처리방법, 그리고 공격행동에 대한 설명을 하였다.

다음은 체험분석방법을 소책자의 자료와 예를 기초로 설명하고, 최근 화났던 상황에 대해 예를 들어 연습해 보는 시간을 가졌다. 우선 공동연구자들과 최근의 분노체험을 중심으로 체험기록에 포함되어야 할 요인을 살펴보았는데 1-6이 최근 지갑을 잃어버렸을 때 화가 났던 일을 제시하여 그 속에 담겨 있는 감각, 감정, 생각, 행동, 심상 등을 다함께 생각해 보았다.

그리고 한사람씩 최근에 겪었던 분노상황을 대상으로 체험기록연습기회를 가졌고, 작성한 내용에서 잘못된 부분은 상담자가 수정하면서 방법을 다시 설명하는 기회를 가졌다. 각자 기록을 발표하였는데 사건중심의 설명이 많아서, 시제를 현재로, 나 일인칭을 사용하여 나의 관점에서 체험을 보게 하는데 다시 한번 설명이 필요했다. 이 중에서 비교적 잘 작성된 1-1, 1-6의 상황을 빌려 기록방법을 수정하여 모델로 제시하기도 하였다. 지도자도

166

최근의 화난 상황을 예로 들어 기록방법을 설명하기도 하였다.

다음은, 다음 주 이 시간까지 체험기록을 둘 이상 가져오는 과제를 제시하였다.

일부러 화나는 상황을 만들 필요는 없지만 주의를 기울여보면, 분노는 우리 일상생활에서 가장 많이 체험하게 되는 정서이므로 어려운 일이 아닐 것이라고 설명하였다. 분노체험이 일어나면 가능한 빠른 시간에 이를 회상하여 기록하라는 주의를 주었고, 이번 과제가 분석자료가 되므로 중요하다고 강조하였다.

끝으로, 오늘 집단에서의 소감을 이야기할 기회를 가졌다.

분노에 대해 잘 배워서 친구에게도 그 방법을 가르쳐줄 수 있을 것 같다. (1-1) 재미있다. (1-2) 약간 어렵다. (1-3) 한 가지 걱정은, 나는 화난 상황을 다시 생각하면 할수록 더 증폭되곤 하는데 이걸 쓰면서 계속 화내면 어떻게 하나. (1-4) 친구들 만난 건 재미있고, 체험분석은 약간 어려운 것 같다. (1-5) 오면서 저쪽 애들만(다른 학교 친구들) 잘하면 어떻게 하나 걱정했는데 와보니까 다 착해서 좋다. 오면서 꿀리지 않으려고 콘택트까지 두드리고 왔다. (1-6)

2회기(9. 19 토요일)

간식을 먹으며 과제 하면서의 느낌을 나누었다.

어렵긴 한데 잘 배워 또래지도자반에서 써보겠다. (1-1) 화난 일이 있는 날 밤 누워서 내가 왜 오늘 화를 안냈을까 생각하다보니까 화낼 일이 막 떠오르더라. 낮에는 너무 피곤해서 분노도 못 느끼나 보다. (1-2) 어렵다. 그리고 이번 주 좋아하는 선생님과 같이 테니스를 칠 일이 있어서 행복했다. 그래도 과제는 했다. (1-3) 이번 주 내내 엄마와 싸워 분노의 연속이었다. 지침에는 해석적, 시적, 역사적 표현하지 말라고 했는데 그런 표현이 막 생각나더라. 그래도 표현을 잘 못하고 공격은 못하는 타입이다. (1-4) 생각보다 어려웠다. 나중에 기록하려니까 화낼 일도 아니었는데 화가 났구나 하는 생각이 들더라. (1-5) 기록을 하다보니까 별것도 아닌데 하는 생각이 나서 우습더라. 친구인 1-3과 1-5와 관련된 일이 대부분인데 그걸 피하고 쓰려니까 자료가 부족하더라. (1-6)

각자 과제로 작성해온 2개 이상의 분노체험 중 한 가지를 골라 다시 한 번 회상을 하면서 누락된 부분이 없는지 점검하였다. 점검을 마친 후 각자 자기과제를 발표하였고, 그 다음은 지도자가 체험에서의 공통요인 찾기에 대한 설명을 하였다. 특히 각 요소에서의 동등성과 차별성의 개념을 설명한 후, 자기체험에 담겨 있는 요인이 무엇인지 적어보도록 지시하였다. 그리고 각자의 체험기록을 복사하여 모두에게 나누어주었다. 그리고 다음 주까지 각 체험기록에 담겨 있는 요인이 무엇인지, 어떤 것이 공통요인인지 찾아서 적어 오도록 하는 과제를 내주었다. 각자가 제시한 분노체험기록은 부록 3과 같다.

3회기(9. 26 토요일)

각자 공동연구자 전원의 체험분석기록에서 발견한 목록표를 다른 사람들 것과 비교하는 기회를 가졌다. 우선은 지도자가 각자의 체험분석기록에서 발견한 목록표를 공동연구자들에게 제공하여 각자 자기의 목록과 비교하는 기회를 가졌으며, 그 다음은 각자의 기록을 중심으로 토론을 벌이면서 요인을 찾아내는 작업을 하였다.

각 공동연구자가 제시한 사례에서 공동연구자들이 찾아낸 요인 목록을 종합정리한 결과는 부록 3의 내용과 같다. 토론 과정에서 공동연구자들은 각 요인목록을 망라하여 일반적으로 분노에 포함된 공통요인은 실망 혹은 배신감, 자존심 상함, 부당함이라고 합의하였는데 여기서의 부당함은 내 기준에서 벗어나는 것을 뜻한다고 설명되어졌다. 대부분 분노를 공격행동으로 연결짓지 않고 참거나 회피하는데, 그렇게 하는 이유는 분노에 대한 생각의 결과(계획과 상상, 판단)라고 인지적 요소의 개입을 강조하였으며, 그것은 화를 내도 될 상황, 즉 화를 낼만큼 상대가 만만한지, 화를 받아줄 사람인지, 화를 내서 득이 될 것인지를 판단하는 것이라고 결론지었다. 즉 화를 참는 것은 더 악화되는 것을 방지하기 위한 행동이며 그러한 결정전에 화를 공격행동으로 나타내면 어떤 상황이 벌어질지, 더 악화될 수도 있는 것을 상상한 결과라고 설명하였다.

지도자가 그러면 공격행동을 취할 때는 어떻게 설명해야 하는지 토론을 유도하였다. 공동연구자들은 참다못해 더 이상 참으면 안 될 것 같을 때 차라리 한번 터트려 보자 하는 계산이 뒤따르는 행동이고, 상대가 만만할 때, 즉 낯선 사람이거나 두 번 다시 안볼 사람, 반격이 안 올 사람에게 화를 낸다고 대답했다. 그동안 특정상황이나 특정인에게 쌓인 게 많아서 분노가 어느 한계를 넘어서면 표면적으로는 손해를 보는 것 같지만 마음이라도 편하자는 심리로 화를 내고, 결과적인 득을 생각해서 일부러 화를 낼 때도 있다는 것도 지적하였다. 그리고 일부러 어떤 사람이 귀찮아 멀어지기 위해서도 화를 낼 때가 있고 화날 때마다 화를 다 표현하지 못하는 것도 결국은 자기 이미지 관리를 위한 계산적 행동이라고 대답하였다. 결론적으로 화를 낸다, 즉 공격행동을 취하느냐 아니냐는 다 이득이 되는 방향이 어느 쪽이냐에 달린 것이라고 결론지었다.

분노상황에서 가장 공통적으로 느끼는 감각은 가슴이 답답하고 경직되는 느낌으로 설명하였다.

다음은 공동연구자들이 발견한 공통요인을 다른 분노상황에 적용해 보면서 검증해보는 과정을 가졌는데 이에 대한 공동연구자들의 의견은 다음과 같다.

마을버스를 탔는데 버스에 이상이 생겨 잠시 서 있었더니 어떤 남자 어른이 기사에게 무조건 화내며 욕을 했다. 술 취한 듯 보였는데 그게 너무 싫어서 아저씨(기사)가 그럴 수도 있지, 실수 안하는 사람이 어디 있냐고 한마디 할까 말까 하는데 한편으로는 내가 그 말을 했다가 주위에서 내 편을 들기보다는 어린 게 건방지다고 할까봐 신경 쓰는 게 낫다 생각하고 참았다. 오늘 보고 또 볼 사람이냐. 내가 저 사람에게 화내봤자 득 될 게 없다. 이럴 때 자존심은 꼭 들어 있는 것이 아닌 것 같다. 나와 개인적으로 직접 연결되는 상황이 아니면 자존심이 안 들어가고 나와 개인적으로 직접 연결되는 상황이면 자존심이 들어가는 것 같다. (1-2)

떡볶이 집에 가서 친구들과 목소리 높여 얘기를 하고 있는데 늙어 보이는 남학생들이 계속 내 말투를 흉내 내서 불쾌했다. 가서 화내고 싶었는데 워낙 험한 인상이라 참았다. 덤벼봤자 득 될게 없다는 판단을 했다. 그때 나는 인간이 왜 저럴까하는 생각이 들었다. 그때는 나를 놀린 것 같아 자존심도 상했다. (1-4)

이러한 재검증 과정을 통해 연구자들은 부당함에는 결국 실망도 포함된다고 정리하였고 분노가 가까운 사람에 대해 많이 일어나는 것 같다, 화도 편한 사람에게 내고, 가까운 사람에게 기대하는 게 많아서 화가 난다. 나와 가까운 사람에게는 기대에 어긋나는 게 허용이 안 된다고 설명하였다.

기대도 결국은 득이다. 기대대로 안 되는 것도 결국은 득이 안 되는 상황으로 가니까 화가 나는 거다. 득이 없어서 화가 나고 득이 없으면 화가 안 난다. 인간이 그런 점에서 참 이기적이다. (1-6)

가까운 사람에게 화나는 건 부딪치는 기회가 많아서일 수도 있다. TV에서 부정한 사람에 대한 보도가 나오면 내가 달려가 욕을 할 수도 없는 상황이다. 화를 내는 것도 부딪쳐 반응이 와야 화를 내게 된다. 특히 가까운 사람에 대해서는 예민해진다. 가까운 사람에게는 가치기준을 더 많이 적용하게 된다. 다른 사람에게 화를 안내게 하려면 상대의 입장에 대해 조금만 생각해보면 될 것 같다. 생각을 해서 화를 안내고 참게 되는 것을 확인할 수 있었다. *(1-1)*

이러한 과정을 통해 자기기준에서 벗어남 즉 부당함이 모든 분노상황에 존재하며, 실망은 가까운 사람에 대해서, 자존심 상함은 자신과 개인적으로 관련된 상황일 때 주로 존재하는 것 같다고 집단결론을 내렸다. 한편, 공격행동에 존재하는 공통요인으로는 결과에서 오는 이득(공격행동이 차라리 마음이 편할 것으로 기대될 때, 상대가 받아줄 것이다: 상대가 만만, 나에게 되돌아오는 피해가 없다. 오히려 득을 겨냥한 화도 있다)을 들 수 있으며, 공격행동으로 안 가는 이유는 득이 안 될 것 같아서라고 결론지었다. 그리고 그러한 선택은 생각 즉 판단에 의해 좌우되며, 화를 안냈다가 나중에 화를 냈더라면 하고 후회할 때도 많은데 그때의 기준도 득이라는 것이다. 화를 내지 않은 게 억울해서, 혹은 화를 내는 게 오히려 그 친구가 나를 이해하는 데 도움이 되었을 텐데, 혹은 변화의 계기가 될 수도 있을 텐데 하는 생각 때문에 후회를 한다는 것이다.

끝으로 다음 회기까지의 과제, 즉 과거의 경험을 재체험하면서 목록을 점검하고, 또 이러한 요인 외에 다른 것은 없는지 살펴보기에 대한 설명이 있었다.

그리고 우리 집단에서 발견한 분노유발에서의 공통요인은 부당함이며, 자신과 직접 연결된1해 정리해보면, 부당함, 실망, 배고픔(생리적 고통), 무시, 원망, 비참한 기분, 이기심, 눈치 없음, 거절, 변덕스러움, 배신, 자존심 상처받음, 어이없음, 반복되는 문제, 기대가 무너짐, 자신에 대한 실망, 부정적인 결과의 상상 등임을 다시 한번 정리하였다. 공격행동이 나타나는 조건은 화를 참을 수 없는 상태, 상대가 만만함, 나에게 유리한 결과가 상상됨과 같은 득에 대한 판단이라는 집단합의를 확인하였다.

덧붙여진 다음주 과제는, '분노를 경험할 때마다 이러한 발견이 맞는지,

또 다른 요인이 있는지 살펴보자.'

4회기(10. 2 금요일)

간식을 먹으며 지도자가 지난주 집단에서 내린 결론을 다음과 같이 요약
하였다.

'모든 분노상황에 내 기준에서 어긋남, 부당함이 포함되어 있고, 나와 직
접 연결되는 상황에서는 자존심이 상함도 중요한 요인이라는 것, 그리고 분
노가 일어나면 머리 속에서 여러 가지 분노표현을 해보고 분노를 어떻게
처리할지 평가하고 계획을 세운 후 분노를 처리하게 되는데 분노의 공격적,
비공격적 처리를 결정하는 기준은 바로 득인 것 같다'

이 결론을 실생활에서 다시 검증해 보는 게 이번 주과제였다.

공동연구자 1-4는 사랑니가 나는 중이라 통증으로 매우 불편하여 오늘
약간 말수가 적었다.

> 1-3: 학교에서 배구시합을 하는데 우리 팀엔 3명이나 아주 잘 하는
> 애들이 있어서 드림팀이라고 할 정도였다. 내가 잘 못하니까
> 나한테는 공도 잘 안주고, 어쩌다 '삑싸리' 나는 공(거의 받을
> 수 없는 공)만 주더라. 기분이 나빴고 나한테 준 공을 떨어뜨
> 리니까 자존심이 상했다. 화가 났지만 내가 거기서 노골적으로
> 화를 내면 다른 애들 다 기분 나빠질 것이고 같은 조에 좋아하
> 는 애가 있는데 멀어질까봐 신경도 쓰여 많이 참았다. 그러나
> 경기 끝난 후에도 거의 말을 안했다. 그때 마음은 내가 화난
> 거 눈치 채고 나 좀 달래줘 하는 생각이 들어 있었다.
> 지도자: 결국 간접적, 수동적으로 화는 낸 셈이다. 알아주기를 바라
> 면서.
> 공동연구자들: 결국 득을 위해 표시한 것이고, 득을 위해 노골적으

로 화를 못낸 것이다.

> 1-2: 지난 주 TV 드라마를 보는데 여주인공 행동이 너무 마음에 안 들어 화까지 나기 시작했는데 그때 마침 아빠가 '여자는 저래서 안돼'라고 하시는 것이다. 그 말씀에 더욱 화가 났다. 마음속으로는 아빠는 왜 여자의 한 가지만 보시냐고 따지고 싶었다. (다른 공동연구자들: 부당하다) 그러나 한편 그런 말을 발설해 봤자 나에게 득이 무엇이겠는가? 나하고 직접 상관도 없는 일인데. 그래서 그냥 보다가 들어와 버렸다. (1-2)

> 다른 공동연구자: 나 같으면 따졌을 거다. '왜 안되는데?'

> 1-2: 요즘 아빠와 좀 사이가 나빠서 말 안하는 게 좋을 것 같았다.

> 공동연구자들: 결혼은 득이다. 자포자기도 득을 위한 것 아닌가. 괜히 얘기해봤자 아빠와 사이만 안 좋을 것 같으니까 아무 말 안한 것이다.

공동연구자들은 이미 내린 결론에 아무 이의가 없는 것으로 반응하였고, 재검증을 통해 발견한 새로운 사실은 지적해 내지 않았다.

> 화가 하루에 한번 이상 안 나는 사람은 없는 것 같다. 그런데 막상 기록으로 옮기려고 하면 내가 이런 걸 갖고 화를 냈나 하는 생각이 들고, 쪼잔한 사람이라는 생각이 들어 그냥 화가 풀리곤 했다. (1-6)

공동연구자들 모두 그렇다고 응수하면서 비슷한 경험을 이야기 함.

지도자는 이런 사실들, 부당함이 대부분 분노의 원인이 되고 내가 화를 내느냐 안내느냐는 득과 관련된 것이라는 사실을 실생활에 활용한다면 어떻게 활용할 수 있을 것 같은지를 주제로 토론을 이끌었다.

아무래도 화를 절제하는 데 도움이 될 것이다. 화를 내기 전, 내가 화가 난 이유, 화를 냈을 때 득이 될 것인지를 한번 정도 더 생각해 보게 될 것 같다. (1-6)

다혈질인 친구가 있는데 그 애에게 도움말을 해 줄 수 있을 것 같다. 말을 참지 못하고 뒤에서 후회를 하곤 한다. (1-2)

나도 매우 급한 성격이라 어떤 때는 말을 내뱉으면서도 내 자신에 대해 '어, 얘가 누구야? 얘 되게 버르장머리 없다' 그런 생각이 떠오를 정도다. 그런데 이 집단에 참여하면서 화가 나는 상황이 되면 이게 과연 화낼 거리인지, 다른 사람이 보기에 이게 화낼 거리인지 다시 한번 생각해 보게 된다. (1-3)

남들이 도저히 이해할 수 없는 분노도 있는데, 그냥 표면적인 것만 보고 다른 사람들이 너 그런 일로 왜 화를 내냐고 하면 더 화가 난다. 내 경우는 화를 더 절제하는 힘이 생겼고, 일단 화를 낸 후에도 내가 화난 이유에 대해 더 생각해 보게 된다. 내가 분석하는 힘이 생겨야 다른 사람도 분석을 잘해 줄 수 있을 거다. (1-1)

친한 친구에게 화가 났을 땐 가능하면 관계를 위해 화를 참다가 우연한 계기에 내가 그때 얼마나 짜증이 났었는지 아느냐고 설명할 때가 있다. 그때 막연한 얘기보다는 서로 싫어하는 것을 알려주면서 배려해 주는 마음을 가질 수 있을 것 같다. 예를 들어 네가 나에게 부당하게 대할 때, 무시할 때 나는 화가 난다고 얘기해주면 친구는 얘가 이럴 땐 화가 나는구나 알 수 있을 것이다. 친구에게 고쳤으면 하고 바라는 것을 얘기할 때도 정확하게 지적할 수 있을 것이다. (1-6)

나보다도 다른 애가 왜 화가 났는지 더 잘 이해할 수 있을 것 같다. (1-5)

나는 화가 나면 그냥 화를 내는데 내가 왜 화가 났는지 분석해 볼 수 있게 되었다. (1-4)

상대가 화나게 한 일도 없는데 내 열등감 때문에 화가 날 때도 있는데 그럴 때 상황을 이해하는 데 도움이 될 것이다. (1-6)

공동연구자들은 이미 내린 결론에 대한 재검증보다 자신이 경험한 분노 체험, 그리고 집단체험에 대해서 더 많은 관심을 보였다. 집단상담할 기회가 있으면 더 해보고 싶다는 말이 오갔는데 1-3만 자신은 생각 없이 쫓아와 나만 잘못하는 것 아닌가 걱정이 많았다고 하면서 자신은 원하지 않는다고 말했다. 끝으로 소감문을 쓰고 적은 내용을 읽거나 설명하면서 마지막 인사를 나누었다. (소감문 작성)

2집단(여)

1. 지도자: K1(이화여자대학교 상담심리 박사과정)

2. 회기 및 실시일: 1회기(9. 10), 2회기(9. 17), 3회기(9. 24), 4회기(10. 1)

3. 실시장소: 모 고등학교 과학부 준비실.
      - 옹기종기 모여 앉아 얘기할 수 있는 분위기
      - 탁자 주위로 소파와 의자를 붙여서 둥그런 형태로 앉았음

4. 집단의 특성
   모두 고1 여학생 한 반에서 모인 학생들로 선생님의 권유로 참가하게 되었고, 2집단으로 친한 친구 집단이 나누어졌으나 집단 진행 과정상에는 크게 영향주지 않았고 오히려 집단과정을 통해 서로에 대한 이해가 높아진 것으로 보였다.

5. 집단구성원:

2-1 마르고 약해 보임. 처음엔 조용해 보였으나 회기가 진행될수록 자신이
     먼저 말도 많이 함. 집단을 하게 된 이유가 선생님 말씀을 듣고 집에
     서 엄마한테 얘기했더니 엄마가 친구들이 모여 있는 곳에서 말도 하
     고 하면 발표력도 늘 것 같다고 해서 하게 되었다고 함. 친구들의 얘
     기를 많이 듣고 자신도 얘기를 많이 하게 되어서 무척 즐거워했음.

2-2 예쁘게 생겼으나 눈매가 강하고 약간 비판적인 모습. 주위의 일들에
     관해서는 재미있는 말을 많이 함. 수업 시간에 선생님한테 개기기(?)
     도 하는 등 자기고집과 불만도 있어 보임. 음악에 관심이 많고 돈이
     중요하다는 생각을 많이 하고 있음.

2-3 유일하게 사귀는 남학생이 있음. 키가 크고 올리브 같은 인상. 평소에
     는 재미있는 학생이라고 하나 집단에서는 두드러지지 않았음.

2-4 약간 풍뚱한 체격. 자기 얘기를 솔직하게 많이 함. 집단을 하게 된 이
     유가 자신의 문제를 얘기하고 도움을 받고 싶어서라고 얘기. 활발하고
     소탈한 성격. 집단 진행 중 같은 반 남자 친구를 좋아해서 슬프다고
     했었으나 나중에는 그 남자 친구가 싫어졌다고 함. 금방 좋아했다가
     실망하는 경향이 있다고 함.

2-5 2-1과 친한 친구. 다소곳해 보임. 2-1의 권유로 집단에 참가하게 되었
     음. 부모님이 장사하시고 고3 오빠가 있어서 집안 청소며 정돈 같은
     것을 스스로 알아서 함.

176

사례 2-1과 2-5는 같이 생일축하파티를 하고, 사례 2-2, 2-3, 2-4는 같이 생일축하파티를 하는 사이.

6. 각 회기별 진행과정

1회기(9월 10일 목요일)

교재순서대로 진행하며, 분노체험분석 연습.

영어 선생님이 내 이름을 가지고 놀리고 있다. 나는 짜증이 난다. 왜 저러는 걸까. 이해가 안 된다. 내 이름은 예쁜데 …… 화가 난다. 영어 선생님을 한 번 때려주고 싶은데 선생님이니까 그럴 수도 없고 선생님이 나가면 뒤에서 욕이나 해야지. 선생님이 교탁으로 걸어간다. 나는 책상을 치며 한숨을 쉰다. (2-4)
내일 사회발표를 한다. 친구들하고 같이 공공도서관에 갔다. 신문 자료를 찾다가 시간이 되어서 먼저 나오는데 버스를 타고 가야 돼서 같은 조원은 아니지만 같이 있었던 **한테 몇 번을 타야 되냐고 물어 보니까 O번을 타야 된다고 했다. **한테 좀 데려다 달라고 했는데 그냥 저거 타면 된다고 해서 그냥 탔는데 시간이 됐는데도 자꾸 이상한 데로만 가서 버스 기사 아저씨한테 물어보니까 잘못 탔다면서 나 혼자만 한적한 곳에 내려주었다. 아무도 없는 도로변. 차들만 다니고 집도 없고 공장도 없고 사람도 없는 도로변에 내려주어서 울면서 왔던 길을 되돌아갔다. 앞에 아주머니 두 분이 걸어가고 계셔서 OO역에 어떻게 가냐고 울면서 물었더니 어떻게 가야 된다고 알려주시면서 빨리 가라고. 근데 차비가 없어서 차비가 없다고 그랬더니 아주머니가 500원을 주셨다. 그래서 울면서 감사하다고 하고 버스를 타고 OO에 와서 울면서 엄마한테 전화해서 엄마가 나오셨다. 내일 **이를 꼭 밟아 죽여 놔야 지. (무서움, 두려움, 공포도 있었을 것 같고. 봉변을 당하지나 않을

까 하는 걱정도 되고, **이에 대해서는 역 받음) (2-1)

러머 선생님이 오지 않아서 핸드폰으로 연락했는데 미안하다면서 그냥 끊음. 원래 수업 중에 핸드폰으로 연락 오는 것 싫어하는 분인 건 않았지만 섭섭했. 내가 좋아하는 대학생 선생님임. (무시 받는다는 느낌, 섭섭했, 화가 나서 그냥 잠) (2-2)

같이 발표 준비하는 애가 준비도 하나도 안하고 빈둥빈둥. 그렇지만 같은 조원이라서 같은 점수를 받았음. (부당하다는 느낌, 참 뻔뻔스럽다고 생각. 같이 있고 싶지 않음) (2-5)

수업시간에 그렇게 잘못한 상황이 아니었는데도 주위의 여러 친구들과 함께 손바닥을 심하게 맞음. (억울했, 부당했, 그 선생님은 다시 보고 싶지도 않았음) (2-3)

다음주까지의 과제설명.

2회기(9월 17일 목요일)

지난번에 모였던 준비실이었으나 중간에 선생님 한 분이 컴퓨터를 쓰시러 들어오셨음. 학생들이 자신의 분노 경험을 얘기하는 중이었으나 선생님이 컴퓨터를 계속 20여 분간 쓰심. 학생들이 조금 신경을 씀, 게다가 컴퓨터에서 소리가 많이 났음. 선생님이 나가시자 학생들이 선생님에 대한 불평, 불만을 쏟아놓았음. 원래 자신의 전공과목이 아닌 과목을 가르치면서 아이들한테 화풀이를 한다는 등 …… 학생들이 싫어하는 선생님이었던 것 같음)

각자의 관심사에 대해 이야기를 꺼내자 중요하게 생각하는 게 돈이며, 넉넉하게 쓰고 싶은데 한달 용돈은 3만-5만 원 정도로 CD 한 장도 제대로 못 산다고 불평.

과제 점검:

– 학생들이 자신의 소책자에 2-3가지의 분노체험을 잘 적어왔음(부록 3참조)

- 1가지 분노체험을 돌아가면서 읽고 발표
- 피이드백을 주고받은 후 자신의 체험 속 분노요인을 찾아서 소책자에 적도록 했음. 스스로 자신이 분노요인이라고 적은 것을 점검해 오는 과제를 내 줌.

3회기(9월 24일 목요일)

학생들 분노체험기록을 복사해서 모두 다 나누어 가진 후 각자의 분노체험기록과 분노요인을 점검하는 시간을 가짐.

- 억울함, 이해가 되지만 짜증
- 억울함, 부당함, 내가 해야 하는 일에서의 싫증, 짜증
- 짜증남, 내 생각과 다를 때 강요, 무시당함, 창피함
- 짜증, 시간에 쫓김(촉박함)
- 배신감, 미움, 짜증, 속상함, 무시당함

전체 집단이 친구들과의 공통된 요인을 찾음.
짜증, 억울함, 부당함, 무시당함, 내생각과 다를 때(상대가 틀린 것을 주장하거나 강요할 때)

이 시간을 마치며 느낌을 나눔:

그냥 화내는 게 아니고 이젠 분노를 느낄 때 이런 요인들이 있구나 하고 생각하게 됐. 내만 이런 걸 느끼는 게 아니고 모든 애들이 똑같이 느끼는구나 하는 신기함을 느꼈다. (2-1) 옛날엔 그냥 화내면 화내면 되었는데 이젠 혼란스러워졌다. (2-4) 분노 느낄 때 억울함, 짜증

이런 게 있어서 그럴 때도 있지만, *condition*이 안 좋을 때도 짜증나고 …… 날씨도 영향을 주는 것 같다. (2-5)

누구도 얘기 안했지만 자기자신에게 화 낼 때도 있다. 근데 그럴 때는 얘기 안한 것 같다. (예) 옛날에 있었던 일이 생각이 나는데 그때 외국가수 *Concert*가 있었는데 콘서트 발표가 나기 전부터 머리 그 가수가 콘서트 연다는 걸 알고 꼭 보러갈려고 마음을 먹고 있었다. 그런데 그 콘서트 하는 날 같이 보러갈 사람이 없었다. 결국 어떤 애랑 같이 보러가기로 했고, 그날이 콘서트 3일 전이었는데 표를 예매하러 갔더니 표가 한 장도 없었다. 그 가수가 유명한 사람도 아니고 또 장소도 넓은데서 해서 3일 전에도 표가 있을 줄 알았었는데 …… 너무 화가 나서 주최본부에도 전화해서 혹시 표 1장이라도 구할 수 없겠느냐고 했지만 구할 수 없음. 나한테 너무너무 화가 났다. 왜 머리 예매도 못했나하는 생각으로. 그런데 어느 라디오 프로를 듣는데 DJ가 그 콘서트에 초대권을 받아서 갔었는데 다 같이 일어나서 춤추고 그런 분위기인데 자기는 늙어서 너무 힘들어서 갔다가 그냥 나왔다는 것이다. 참 기가 막혀서 누구는 표가 남아서 공짜로 보는데 …… 그 표 나한테나 주지. (억울함, 부당함, 나에 대한 실망감) (2-2)

2-4와 비슷한 생각. 화내는 순간에도 '내가 뭐 때문에 화를 내지?' 하고 묻고 '뭘 느끼고 있지?' 하고 묻고 있는 나 자신을 봄. 마음이 복잡해졌음. (2-3)

다음시간으로 끝나는 걸 아쉬워 함.

분위기 조성에 간식의 효과가 컸다고 생각됨. 시작 전에 항상 먼저 간식을 먹으며 그동안 어떻게 지냈는지, 별일은 없는지, 농담도 하면서 즐거운 분위기를 만들 수 있었음. 학생들이 수업시간 중에 '오늘은 선생님이 어떤 간식을 사 오실까?' 하는 쪽지를 돌렸다는 얘기를 함. 학생들이 이 시간을 기다리고 있었다는 생각이 들었다.

4회기(10월 1일 목요일)

분노체험 분석표를 가지고 같이 발견요인들을 점검했고, 교재를 가지고 동등성과 차별성에 대한 설명을 다시 하면서 사례를 살펴보았음.

대부분 분노를 공격행동으로 연결짓지 않거나 회피하는데 그렇게 하는 이유는 내가 화를 내도 되는 상황인지, 혹 화를 내서 더 일이 커지면 안 되니까 못 내고 화를 내도 될 상대인지, 만만한 상대인지가 중요하다고 함.

토론: 분노가 공격행동으로 표출된 경우를 생각해 보자.

형제끼리 주로 먹는 걸로 많이 싸운다고 서로 얘기를 함.

하나밖에 없는 아이스크림을 동생이 말도 없이 먹어버려서 동생과 치고받고 하다가 동생이 안경이 날라 가서 얼굴에서 피가 남. 그때는 좀 미안한 마음이 들어 약도 발라주었음. (2-2)

언니하고 많이 싸움. 아주 사소한 것으로 발단이 되어서 욕도 하고 머리도 잡아당기고 싸움. 부모님이 뜯어말리는 때도 있음. 언니가 만만함. 항상 내가 언니한테 맞는데도 그래도 싸우고 싶음. 스트레스 푼다는 생각으로, 언니가 설마 날 죽이겠냐 싶어서. 열 받으니까 생각은 안하고 그냥 행동으로 나옴. (2-1)

언니하고 먹는 것으로 심하게 많이 싸움. (2-4)

초등학교 때 어떤 애가 저한테 누명을 씌었어요. 걔가 이상한 짓을 하고 다녔는데 그게 제가 시켜서 그랬다는 거예요. 그래서 걔를 불러서 막 얘기했더니 엉엉 우는 거예요. 그때 아주 통쾌했어요. (2-5)

친구랑 어디를 가는데 "예수를 믿으세요" 하면서 저희한테 자꾸 말을 하는 거예요. 이렇게 쳐다봤는데 저말 때리는 거예요. 그래서 노려보다가 왜 때리냐고 말을 했지요. 그때 주위사람들이 내 말을 지지해서 내 편을 들어줄 것이냐 하는 생각이 들었다. 내가 화를 내도 정당하니까 화를 내게 된다. (다시 2-2)

아주 *맨망한* 애가 있는데 애는 내가 잘못해도 자기가 미안하다고 해요. 그래서 자꾸 무시하게 돼요. (다시 2-4)

화를 낼 때는 남의 입장을 생각 못하고 내 입장만 생각. 이기적인 것 같다. 때로는 화를 낼 때 우월감을 느끼기도 한다. 만만한 상대한테 화를 내고, 너무 나보다 높거나(권위), 아주 나보다 낮은 사람한테도 화를 내지 않는다.

다음은 이 시간을 끝내며 소감나누기를 하였음.

자신감도 생기고 친구들과도 더 친해진 것 같다. (2-1) 재미있었고 같이 얘기할 수 있어서 좋았다. 집단에 참여하는 1달 동안은 그래도 화내는 일이 별로 없었다. (2-2) 앞으로는 생각을 더 많이 하게 될 것 같다. (2-3) 상담인줄 알았는데 의외로 같이 연구하는 것이었고 내 얘기를 많이 할 수 있었다. 생각해 보게 되니까 화를 더 못 낼 것 같다. (2-4) 분노를 느낄 때 '아, 여기 억울함, 무시 ……'이런 게 있구나, 하고 찾게 될 것 같아요. (2-5)
(소감문 작성)

3집단(남)

1. 지도자: K2(이화여자대학교 박사과정)

2. 회기 및 실시일: 1회기(9. 10), 2회기(9. 17), 3회기(9. 24), 4회기(10. 1)

3. 실시장소: 고등학교 과학부 교실: 과학기자재와 실험용 책상 7개 정도가 넓게 배치되어 있으며 비행기소음이 간헐적으로 들림. 첫날은, 평소 그랬던 듯 낮은 교실창문턱을 학생들이 뛰어 넘어 다니

는 등 전반적으로 산만한 분위기였으나, 2회기 때부터는 다소 차분해짐(날씨가 시원해지면서 창문을 완전히 닫고 실시).

4. 집단의 특성: 교사의 권유로 참가한 4명과 친구의 권유로 참가한 3명의 고1 남학생 집단. 6명이 같은 반이고 1명만 다른 반이라는 특성으로 서로에 대해 잘 알고 있었으며, 이 점이 집단의 장점이면서 단점으로 작용한 것으로 사료됨. 7명 중 1명에게 집단응집력이 몰려 있어서 전체적인 집단피드백 유도에 어려움이 있음.

5. 집단구성원:

3-1 집단참여동기를 '억지로 교사에게 떠밀렸군'이라고 기재. 양친과 중학생인 동생과 동거. 집단참여에 적극적이지만, 전체 분위기를 산만하게 만드는 경향, 타 공동연구자들이 3-1에게 모두 집중(3-1의 한마디, 한 가지 행동에 모두 관심을 두고, 이 관심의 방향을 3-1을 장난치는 분위기를 유도).

3-2 친구의 권유로 참가. 매우 차분하고 조리 있게 말을 함. 유일하게 다른 반 학생이어서인지 3-1의 분위기에 휩쓸리지 않음. 양친과 동생이 있음.

3-3 집단에 대한 기대: '나에게 일어나는 분노에 대해 좀 더 알 수 있게 될 듯'이라 기재. 발표 시 얼굴이 빨개지며 말소리가 작은 편, 열심히 참여하려는 모습.

3-4 반장으로 집단분위기가 산만해지면 분위기를 걱정하는 모습. 그러나
      3-1에게 별 달리 제재하지 않고 조용한 편.

3-5 양친과 동생이 있음. 집단에 열심히 참가. 발표 시 진지한 모습.

3-6 굉장히 수줍어하는 편. 집단참가를 즐겁게 생각하면서도 전체 분위기
      에 눌려 있는 모습. 개인적인 사례발표나 토론시간에 자기 순서가 되
      어야 발표. 자발적이지 않음.

3-7 유일하게 심리학에 관심이 있는 편. 조용한 말투. 그러나 3-1과 마주 앉
      아서 계속 장난하고 서로 싫어하는 별명을 부르며 4회기 내내 장난침.

6. 각 회기별 진행과정

1회기(9. 10 목요일)

학생들의 수업이 막 끝나고 곧바로 왔기 때문에 잠시 앉아 수업얘기와
지도자가 준비해 온 간식을 먹으면서 간단한 인사를 하였다. 이때 분노체험
집단에 관해 어떻게 들었는지 얘기하는 시간을 가졌고, 이 과정에서 학생들
이 아무런 오리엔테이션이 없었음을 알게 되었다. 그냥 선생님이 권유하셨
고, 얼마 전 생물학에 관련된 집단상담을 경험한 학생들이 '재미있다'고 해
서 참가했다고들 하였다. 간식을 다 먹고 자리를 정리한 후, 자기소개시간
을 가졌다.
학생들은 자신의 가족에 대한 소개를 나누었고 집단에 대해 잘 알지 못
한다고 이야기하였다. 지도자 자신에 대한 소개를 한 뒤 집단에 관해 설명
을 하였다. '분노'라는 정서를 다루는 방법, 관찰과정, 기록법 등을 소책자에

184

있는 내용에 대한 설명과 지도자의 추가설명을 곁들인 뒤, 자기소개서를 작성하게 하였다. 집단의 특성을 알고 난 뒤 작성하면서 '집단에 대한 기대' 항목에 '나의 분노에 대해 알아낼 수 있을 것 같다', '분노를 다스릴 수 있을 것 같다', '나에게 일어나는 분노에 대해 잘 알 수 있게 될 것 같다', '정서함양', '재미있을 것 같다, 심리적 마음을 다스릴 수 있을 것 같다'는 등 "분노"에 대해 알 수 있으리라는 기록을 해 집단에 대한 기대가 높아졌음을 확인하였다.

학생들이 자발적으로 얘기하는 분위기가 아니어서 돌아가면서 발표를 하였고, 발표를 하기 전에 '발표하는 학생에게 관심 기울이기, 발표내용에 대해 피드백(용어설명도)주기' 등에 관한 설명을 하였다. 첫 시간이라 그런지 조용하였고, 3-1의 발표 시 모든 학생이 집중해서 들은 후 한 마디씩 하면서 약간 떠드는 편이었다.

집단이 총 4회로 이루어 질 것임을 알려주고 워크북을 나눠주며 용어의 설명과 분노에 대한 관찰과 여러 가지 분노의 해결방법으로서의 공격행동 등을 얘기하였다.

소책자를 기초로 최근에 화났던 상황에 대한 일들을 얘기하면서 어떻게 자신의 감정을 관찰할지에 관해 서로 이야기하였다. 학생들은 주로 화난 상황을 사실적으로 묘사하면서 화난 감정에 대해서보다는 화난 상황과 그 상황에 대한 결과만을 이야기하였다. (예: 화나서 집에 가버렸다)

각자의 상황을 자유롭게 이야기한 후 소책자의 사례를 돌아가며 읽어보게 하고, 화난 감정 속에 담겨 있는 감각, 감정, 생각, 행동, 심상 등을 찾아보게 하였다. 학생들은 소책자의 사례 속에서 감각, 의미, 행동, 생각 등을 비교적 잘 찾아내었다.

그리고 난 후, 각자가 최근에 겪었던 분노상황을 회상하며 각자의 분노체험상황을 기록하는 시간을 가졌다. 작성 후 각자 자신의 사례를 발표하였고, 발표 후 다른 참가자들은 발표자의 사례에서 감각, 행동, 생각 등을 찾아서 이야기해보도록 하였다. 7명의 사례를 모두 발표하고 발표사례에 대한 나머지 공동연구자의 피드백을 골고루 나누면서, 기록 시 주의할 점 특히 "1인칭의 현재시점"으로 작성할 것 등을 지적해 주었다. (7명의 사례에 대해 지도자가 다시 "1인칭의 현재시점"으로 고쳐 읽어 줌)

사례발표 시 참가자들은 매우 열의를 보였고, 1인칭이 아니거나 과거시제인 경우는 자신들이 서로 지적해 주기도 하였다. 다음시간에는 이와 같은 분노체험을 2가지 이상 기록해오는 숙제가 있음을 알려 주고, 분노상황당시 기록하기 어려운 경우, 일과가 끝나거나 조용한 시간에 회상하여 기록하도록 알려 주었다. 과제를 해 오는 것이 자기관찰에 도움이 되고, 결국 어떤 상황에서의 자신의 행동이나 느낌을 예측할 수 있는 데 도움이 될 것임을 강조하였다.

지도자의 느낌: 공동연구자들의 열성이 느껴졌고 참가자들에게 좋은 인상을 받았으나, 3-1에게 집단 힘이 집중되어 있어서 만약 그 참가자가 탈락하거나 혹은 계속 남아 있는 경우 어떻게 될지에 대해 논문연구자와 상의하였다. (개별적인 대화가 필요하다고 결론)

2회기(9. 17 목요일)

준비해 간 음료수와 햄버거를 먹으면서 잠시 대화. 지난주에 화난 일이 별로 없어서 기록하는 데 어려웠다고 이야기하는 학생이 2-3명 있었다. 숙제를 하고 나서 '내가 이런 일로 화가 났었나'라는 생각이 들었다고 하는 학생도 있었고, 참가자 2명이 각자 싸우고 나서 서로의 입장을 기록해 와서 모두 웃기도 하였다. 별 마음 없이 악의 없이 친구에게 장난을 쳤는데 친구가 화를 내서 화가 났다고 한 반면, 당한 친구는 친한 친구가 나에 대한 배려 없이 장난을 쳐서 화가 났다고 하였다.

각자가 기록해 온 사례들(부록 3)을 모두 발표하면서, 기록방법에 맞게 작성하였는지, 그 상황에서의 느낌이나 감각은 어떠했는지에 관해 서로 돌아가면서 이야기하였다.

사례를 통해 서로 다른 상황에서 화가 났었는데, 비슷한 요인이 들어 있는지, 비슷한 상황에서의 내용에 화가 나게 된 다른 요인이 있는지를 이야기 한 후 기록해 보도록 하였다.

참가자들은 분노가 일어나게 되는 공통요인으로 '놀림, 억울함, 공격당함, 무시당함, 짜증남, 의심, 잔소리와 비교함' 등을 적었고, 분노가 공격행동으로 표현되게 만드는 공통요인으로는 '욕을 하거나 자신을 먼저 공격함'의 상황을 기록하였다.

다음 시간에는 오늘 기록한 각자의 사례와 각자가 찾은 공통요인을 모두 수집한 후 집단 전체의 공통요인 목록을 만들어 보자고 하였다.

사례발표와 각자 사례에서의 공통요인을 찾는 시간에 학생들이 매우 재미있어 하면서 진지한 분위기였고, 각자가 정말 작은 심리학자가 된 듯이 토론하였다.

3회기(9. 24 목요일)

집단시작시간이 오후 3시 30분이었으나 공동연구자 2명이 소책자를 안 가져와서 집에 가는 사태가 발생(집이 학교 바로 옆 아파트), 2명이 그 2명을 찾아오겠다며 나가고, 지도자와 나머지 3명이 간식을 먹으며 학생들을 기다렸다. 시간이 지체되어 5명으로 먼저 시작하게 되었고, 약 10분 후(4시 10분경) 집에 간 학생 2명이 참가하게 되었다.

지난 시간에 각자가 기록한 사례에서의 분노공통요인과 공격행동 공통요인이 기록된 전체 목록표를 작성하여 각자에게 복사하여 나누어 주었다.

학생들은 목록표에 적힌 순서대로 각 요인들을 살펴보면서, 자신에게 해당되었던 사례에서 나온 요인이 나오면 그때의 상황을 다시 얘기하며 그

요인이 얼마나 분노를 일으키는 데 중요한 역할을 했는지에 관해 생각해 본 후 서로 토론하도록 하였다. 요인들이 자신의 사례발견에서 나온 것이기 때문에 예를 들어 '의심'이 분노요인에 꼭 들어간다고 하는 학생에게 다른 학생은 그 상황에 대해 물어보거나 친한 경우 따져서라도 의심을 풀 수 있기 때문에 '의심'이 분노요인에 들어가지 않아도 된다고 하였다. 그러나 친한 경우가 아니라 전혀 모르는 사람에게 '의심'을 받는다면, 그것은 억울한 일이 되기 때문에 '억울함'에 들어간다고 하였다.

　학생들의 토론에서 전체 학생이 '억울함'이 분노유발요인 중 공통요인이라고 합의하였는데, 이때 '억울함'이란 '같이 떠들었는데 나만 혼나거나, 나에게만 책임을 물을 때, 자신의 약점이나 신체적 부위에 대한 지적(교사나 선배로부터)을 들을 때' 등 항변할 수 없는 대상에게 지적당할 때 느끼는 감정에서 화가 난다고 입을 모았다. '의심'은 그 사람과 친밀한 정도에 따라 다르다고 하였는데 교사나 윗사람에게 의심을 받는 것은 '억울'함에 들어갈 수 있지만, 친구나 동생에게 의심을 받는 것은 충분히 얘기나 설명으로 또는 싸워서라도 풀 수 있기 때문에 화를 내지 않아도 될 거라고 합의하였다. 또, 친구가 '돈을 빌리고, 안 빌린 척 안 갚음' 화가 난다는 경우는 믿고 빌려주었는데 딴소리하는 것에 대한 배신감, 섭섭함 때문에 화가 난다고 하였는데 이것 역시 가까운 사람에게 해당되는 경우라고 하였다. 만약 친하지 않은 친구에게 그런 경우가 있다면 그 친구의 집에 가서 부모님에게 받으면 되므로 별 신경을 쓰지 않는다고 하였다.

　그리고 '다른 사람과 비교당함'의 경우에는 '무시당함'이라는 요인이 공통적으로 포함되어 있다고 하면서 나를 우습게보거나 놀리거나 나를 존중해 주지 않는 친구나 엄마 등에 대한 야속함 등이 들어 있다고 하였다. 그렇지만 이 요인도 자신의 기분상태에 따라 달라질 수 있다고 하였는데 힘들고 지쳤거나 짜증나 있을 때는 사소한 비교에도 무시당한 느낌에 화가 나지만 그렇지 않은 경우에는 그냥 밖에 나가 놀거나 오락하면서 잊을 수 있다고 하였다.

각자 토론 후 분노를 일으키는 필요조건은 억울함을 들었고, 충분조건은 배신감, 섭섭함, 무시당함, 비교당함, 놀림, 의심을 들었다.

다음은 공격행동으로 이끄는 요인에 대한 토론에서 자신의 신체를 먼저 공격하거나 언어적인 폭력을 쓰는 경우에 화가 나고 이때 부당함으로 인해 공격행동으로 갈 수 있다고 하였다. 기타 거짓말을 하거나 놀릴 때, 무시당하는 느낌이 들 때, 화풀이 대상이 만만하게 보일 때, 사소하게 자신의 스트레스를 풀 만한 상대에게 공격한다고 토론하면서 이것은 부당함이라기보다는 '그냥'이라고 표현하였다. 공격행동으로 이끄는 필요조건으로 부당함을 결론지었고, 충분조건으로는 거짓말, 비난, 놀림, 자기표현의 한 방법, 욕 등을 꼽았다.

집단의 전체적인 분위기는 초반의 사건으로 인해 산만했으나 요인들의 필요 혹은 충분조건 등에 대한 토론에는 대체로 집중적이었다.

(남학생집단의 특성이라고 해야 할지 …… 분노나 공격요인에 대해 각자의 의견을 발표할 때 '너는 그래서 안 되는 거야', '그러니까 너는 맞아도 싸'라든가 직접 공격행동을 하는 등 치기어린 행동을 하기도 함)

4회기(10. 1 목요일)

마지막 시간이라 간식을 넉넉히 준비해 갔고, 학생들도 (지난 시간에 늦게 시작한 것에 대한 반성인지) 일찍부터 와서 모두 앉아 있었다. 워밍업으로 간식을 나누며 오늘 수업시간에 있었던 얘기를 하였다.

이번 시간에는 분노와 공격을 일으키는 요인들에 대해 첫째, 내가 아닌 다른 사람이 그런 상황에서 그런 요인으로 인해 분노와 공격을 일으킬 것인지, 즉 다른 상황에서도 그런 요인이 발견될 것인지에 관해서 둘째, 다른 사람이 그런 상황에 처해 있을 때 내가 화가 나는 요인은 무엇일까에 대해 이야기해 보자고 하였다.

분노와 공격상황은 2회기와 3회기에 이야기되었던 사례들과 자신의 일상
생활에서 있었던 일 그리고 텔레비전이나 신문 등에 보도된 사례를 들었다.
다른 사람이 그런 경우였다면 그 사람도 분노와 공격행동을 할 것인가, 엄
청나고 잔인한 보도를 보고 왜 화가 나고 어떤 이들은 기물을 부수고 할까?

분노요인 중 '억울함'에 대해 학생들은 자신의 사례에 대해 다른 사람이
그런 경우였더라도 화가 났을 것이라고 쉽게 일반화 지었다.

그리고 보도된 사건이나 주변의 깡패들이 애들을 못살게 구는 것을 보고 화
가 나지만, 그때의 화는 불쌍하고 안됐고, 내가 도움을 줄 수 없기 때문에 화가
난다고 하였다. 그렇지만 달려들어서 도와줄 수 없는 것은 그 공격자가 나보다
크고 무섭기 때문이며 가만히 있는 게 나에게 도움이 되기 때문이라고.

마지막 시간이라는 느낌 때문에 긴 토론이 어려웠고, 준비해간 기념품과
워크북에 있는 소감문작성에 관심이 더 큰 느낌을 받았다. 참가자들의 사례
가 연구에 큰 도움이 될 것이고, 사례를 내 주고 토론에 열심히 참여해 준
것이 좋은 경험이 되었기를 바란다는 감사의 말로 종결하였다.

종결 후 각자 소감문을 작성하였고, 기념품에 적힌 상담실 전화를 이용해
달라는 말도 덧붙임. (소감문 작성)

4집단(남)

1. 지도자: K2(이화여자대학교 상담심리 박사과정, 3집단지도자와 동일인)

2. 회기 및 실시일: 1회기(9. 23), 2회기(9. 30), 3회기(10. 7), 4회기(10. 10)

3. 실시장소: 이화여자대학교 연구실. 집단상담용 테이블(8인용)이 마련되
   어 있으며 매우 조용하고 안정된 분위기.

4. 집단의 특성: 서울시 서부지역의 모 고등학교 교사의 권유로 참가한 2명
　　　　　　　과 교사의 권유 후 자발적으로 참가한 학생 5명으로 구성
　　　　　　　됨. 3명이 같은 반이고 나머지는 모두 다름. 같은 반 3명
　　　　　　　중 2명이 밀착되어 있었고 1명은 거리감 있게 보임.
　　　　　　　1회기 이후 2명이 탈락되었으며, 4회기까지 총 3명의 학생
　　　　　　　이 마쳤음.

5. 집단구성원:

4-1: 미남형으로 활발한 성격. 같은 반에서 온 나머지 2명과 친하게 보이지
　　　는 않았지만 다른 참가자들과 대화를 잘 나누며 자신의 문제를 무척
　　　솔직하게 털어놓음. 부모 중 특히 아버지와의 관계에 문제가 많아 보였
　　　고 사례발표 시 주로 아버지와의 일을 기록함. 개별적인 상담이 필요한
　　　학생으로 판단되었고 집단을 마치면서 개인상담을 권유하였다.

4-2: 조용한 얼굴, 느린 말투, 끝까지 집단에 참여했으며 요인토론 시 논
　　　리적 발언이 매우 인상적이었다. 1회기 이후 빠진 2명에 대해 비평을
　　　하며, 부정적인 느낌을 가지고 있는 듯함.

4-3: 호감을 주는 인상이며 교내 합창반에서 테너를 맡고 있음. 집단과정
　　　에 열의가 있고 지도자에게 친밀하게 대했으며, 이 집단이 본인의 자
　　　아발견에 도움이 될 거라는 기대를 갖고 있다고 반응, 자발적으로 참
　　　여한 학생. 회기 끝까지 성실하게 참여함. 1-2와 마찬가지로 1회기
　　　이후 빠진 2명에 대해 부정적인 인상을 갖고 있음.

4-4: 1회기 이후 탈락. 1회기 발표 시에는 잘 참여하였고, 집단에 참여함
      으로써 방과 후 친구들과 함께 가지 못하는 점을 걱정함.

4-5: 1회기 이후 탈락. 1-4와 같은 반 단짝친구인 듯함. 다른 참가자들이
      분노상황 얘기하면 '괜찮아. 다 좋은 일인데 뭐'라고 해서 'everything
      is o.k. man'이라는 별칭을 지어줌.

6. 각 회기별 진행과정

1회기(9. 23 수요일)

교사의 인솔하에 총 5명의 학생이 이화여대 연구실을 방문하였다. 교사가
학생들에 대해 간단히 소개한 후 먼저 떠나고, 학생들과 간단한 다과시간을
가졌다.

지도자가 준비해 놓은 간식을 먹으면서 분노체험집단에 관해 어떻게 들
었는지 얘기하는 시간을 가졌다. 간식을 다 먹고 자리를 정리한 후, 자기소
개시간을 가졌다. 학생들의 각자 가족소개와 지도자 자신에 대한 소개를 한
뒤 집단에 관해 설명을 하였다.

'분노'라는 정서를 다루게 되는 방법, 관찰과정, 기록법 등을 소책자에 있
는 내용과 지도자의 추가설명을 곁들인 뒤, 자기소개서를 작성하게 하였다.
집단의 특성을 알고 난 뒤 작성하면서 '집단에 대한 기대' 항목에 '나 자신
에 대해 더 잘 알아낼 수 있을 것 같다', '내가 어떤 생각들을, 뭔가 조절할
수 있는 법을 배울 것 같다', '자아발견을 할 수 있을 것 같다' 등 "분노"에
대해 알 수 있으리라는 기대가 높아졌다.

소책자에 있는 사례의 예를 같이 읽어 본 후 학생들이 돌아가면서 최근
화났던 상황에 대해 예를 들어 연습을 해보는 발표시간을 가졌다. 발표를

하기 전에 '발표하는 학생에게 관심 기울이기, 발표내용에 대해 피드백(용어설명도)주기' 등에 관한 설명을 하였다. 각자가 발표한 분노사례에 대한 기록 시 분노당시의 감각, 감정, 생각, 행동, 심상 등을 생각하며 기록하고, 일인칭의 현재시점으로 기록하는 방법을 지도자와 함께 연습해 보았다.

각자 자신의 사례를 발표하면서 발표 후 다른 참가자들은 발표자의 사례에서 감각, 행동, 생각 등을 찾아서 이야기해보도록 하였다. 5명의 사례를 모두 발표하고 발표한 사례에 대한 4명의 피드백을 골고루 이야기하였고, 5명의 사례에 대해 지도자가 다시 "1인칭의 현재시점"으로 고쳐 읽어 주었다.

사례발표 시 참가자들은 매우 열의를 보였고, 1인칭이 아니거나 과거시제인 경우는 자신들이 서로 지적해 주기도 하였다. 다음시간에는 이와 같은 분노체험을 2가지 이상 기록해오는 숙제가 있음을 알려 주고, 분노상황당시 기록하기 어려운 경우, 일과가 끝나거나 조용한 시간에 회상하여 기록하도록 알려 주었다. 과제를 해 오는 것이 자기관찰에 도움이 되고, 결국 어떤 상황에서의 자신의 행동이나 느낌을 예측할 수 있는 데 도움이 될 것임을 강조하였다.

연구실에 다소 늦게 와서 학생들이 상당히 피곤해 한다는 느낌이 들었으나 6시쯤 집단이 끝난 후에도 9시까지 당구장, 오락실, 여자친구 만나기 등을 하면서 보낼 것이라고 대답하였다.

2회기(9. 30 수요일)

2명이 빠지는 바람에 분위기가 다소 위축되었다. 다른 참가자들은 빠진 2명이 다른 데로 놀러 간다고 했다면서 안 좋게 이야기함.

2명이 빠졌지만, 서로 준비해 온 사례들(부록 3)을 발표하고 토론할 때는 정말 열심히들 하는 모습이었고, 오히려 집단과정에 집중할 수 있었던 것 같다.

준비해 간 간식을 먹으면서 잠시 대화. 숙제를 하면서 주로 내가 이런 일에 화가 났었구나라고 생각이 들었다고 얘기를 하였다.

각자가 기록해 온 사례들을 모두 발표하면서, 기록방법에 맞게 작성하였는지, 그 상황에서의 느낌이나 감각은 어떠했는지에 관해 서로 돌아가면서 이야기하였다.

소책자의 p.10을 읽고 분노가 일어나게 되는 공통요인으로 어떤 것이 있을지 각자의 사례에서 찾아보는 시간을 가졌다. 각자 찾은 분노의 공통요인으로는 '부당함, 심리적인 압박감, 억울함' 등이 있었다. '억울함'은 아는 사람한테 오해를 받는 경우와 모르는 사람이 상황을 잘 이해하지 못하고 나를 오해할 때 억울함이 화가 나게 만드는 요인이라고 하면서 가까운 사람이 오해를 할 때는 어떻게든 풀 수 있지만 모르는 사람의 경우는 방법이 없다고 하면서 이것은 '부당함'이라고 볼 수 있을 것 같다고 하였다. 분노가 공격행동으로 표현되게 만드는 공통요인으로는 '신체적인 보호나 득, 참을 수 있는 한도를 넘는 화를 느낄 때, 후련함을 느끼기 위해' 등이라고 기록하였다.

4-1 학생이 주로 자기 아버지의 언어적, 신체적 폭력에 대한 분노를 얘기하였는데 지금까지 잘 참아온 것은 자기의 형이나 형의 친구들이 받아줘서 그런 것 같다. 아버지로 인해 화가 날 때는 '그냥 때리는 한 명의 아저씨로 생각하자'라고 참을 때도 있었고, 형 친구한테 가서 풀거나 술을 마시거나 지난번에는 가출(2박 3일)을 해서 해소했던 적이 있다고 함. 아버지에게 화가 날 때는 괜히 지나가는 사람들에게 시비를 걸어서 싸웠던 적도 있었고, 그냥 한 대 치고 갔던 적도 있다고 함. 아버지가 자기에게 너무 지나치게 억압을 하고, 그러면서 자기를 전혀 믿어 주지도 않고 자기의 말보다는 모범생인 친구의 말 한마디를 더 믿는 경우가 많다고 한다(늦는 경우-이 학생의 통금시간은 오후 7시라고-자기의 얘기보다 전교 5등 하는 친구가 전화 한 통화해주는 게 더 효과적이었다고) 자기가 지금까지는 잘 버텨왔지

만, 이제는 더 버틸 힘이 없다고 함.

이 학생의 사례를 들으면서 나머지 학생들은 4-1의 아버지가 너무 지나치다고 위로하기도 하였다.

4-2 학생의 경우는 공격행동을 신체화하는 특성을 갖고 있는 것 같다(주로 머리가 많이 아프고, 그럴 때, 펀칭머신이나 기물을 부순 적이 있는데, 그때는 집에 가서 이불 쓰고 누워 있는다고). 학교에서나 집에서 화난 일이 있으면 우선 머리가 아픈 증상이 먼저 오고 그 다음으로 집 밖으로 나가서 오락실에 가거나 길에 있는 물건들을 발로 차고 지난 적이 있다고 하였다.

4-3 학생의 경우는 주로 자신이 속해 있는 교내 합창단에서의 분노상황을 사례로 제시했는데 자신을 오해하고 상황설명을 믿어주지 않는 주변 친구, 선배에 대해 화가 난다고 하면서 이때는 소리를 치거나 다른 애매한 사람에게까지 화를 낸다고 하였다.

다음 시간에는 오늘 기록한 각자의 사례와 각자가 찾은 공통요인을 모두 수집한 후 집단 전체의 공통요인 목록을 만들어 보자고 하였다.

3회기(10. 7 수요일)

2회기에서 자신의 아버지로부터의 폭행사건을 이야기했던 학생이 빠졌다. 매우 걱정되는 일이었고, 삐삐로 연락해 보았으나 연락 없었다.

지난 시간에 각자가 기록한 사례에서 추출한 분노공통요인과 공격행동 공통요인이 기록된 목록표를 작성하여 각자에게 복사하여 나누어 주었다.

학생들은 목록표에 적힌 순서대로 각 요인들을 살펴보면서, 자신에게 해당되었던 사례에서 나온 요인이 나오면 그때의 상황을 다시 얘기하며 그 요인이 얼마나 분노를 일으키는 데 중요한 역할을 했는지에 관해 생각해 본 후 서로 토론하도록 하였다. 요인들이 자신의 사례발견에서 나온 것이기 때문에 만약 다른 사람이 이런 상황이라면 이때에도 화가 날지 생각해 보면서 분노요인을 일반화시킬 수 있는지 이야기하였다.

4-3은 자기 짝-**이라는 친구-의 경우를 들면서 **는 어떤 경우라도 화를 안 내는 특이한 애여서 일반화시킬 수 없다고 하였다. 이 친구는 덩치도 크고 키도 큰데 애들이 못살게 굴고, 집단으로 와서 때리고 욕을 해도 전혀 화를 안내고 그냥 참고 가끔 우는 모습만 보았다고 한다. 4-3은 자기가 도와줄 수 없어서 답답하고 때리는 애들이 덩치가 크기 때문에 그럴 수도 없지만 **이가 불쌍하고 도와주지 못하는 자기모습에도 화도 난다고 하였다. **이는 화날 상황 같은 거 생기면 그냥 피하고 친구들과도 어울리지 않고, 혼자 행동하고 아무 표현도 안한다고, 공부는 중간 정도인데 이해력이 느리고 애가 엉성한 거 같다고 하였다. 이 **이라는 친구에 대해 4-2도 언급하면서 되게 답답한 애라고 하였다.

지도자는 그렇게 화를 참고 안내는 경우도 있지만, 사소하게 화를 내는 사람들은 무엇 때문에 그럴까라고 질문하여 다양한 유형의 사람들이 화내는 요인이 비슷한 것인지 다른 것인지에 관한 대답을 유도하였다.

4-3은 자신감이 있어서 화를 내는 것 같다며 믿는 게 있고, 빽이 있으니까 사소한 일에도 화를 낸다고, 4-2는 감정제어를 못해서 그런 거 같다며 서로 이야기하였다.

어른이 나이 어린 사람에게 부당하게 화를 내는 경우를 얘기하면서 지난 시간에 언급되었던 4-1의 아버지 얘기가 나왔다. 4-3은 그 아버지의 성장과정(어린 나이부터 가장노릇을 해서 동생들을 키웠다는 얘기를 지난 시간에 들었음)이 아들을 과잉보호하고 엄격하게 하는 게 아닐까라고 얘기하였고 만약 길에서 모르는 사람이 어린애를 때리고 있는 걸 봤을 때, 상황을 모르니까 상황을 물어서 말릴 수도 있지만 내가 도와줄 수 없어서 스스로에게 실망하고 화난 적이 있었다고 하였다. **이라는 친구의 얘기를 다시 하며 잘못한 거 없는데 괴롭힘을 당하는 친구를 볼 때 약해 보이거나 대항할 거 같지 않은 애한테 더 만만하게 보고 무시하고 화풀이 대상으로 보며 때리는 거 같고 옆에서 보는 내가 화나는 건 도와주지 못해서, 나도 맞을까봐, 가만히 있는 게 나한테 도움이 되니까라는 생각이 화나게 하는 것 같다고 하였다. 그런 애가 부당하게 당하는 거 보는 건 화를 유발시킨다고. TV나 보도에서 엄청난 일이나 학대하는 모습 등을 볼 때도 내가 도와줄 수 없고 불쌍해 보이고 '어떻게 저럴 수가'라는 생각이 들지만 내가 어떻게 할 수 없기 때문에 화가 난다고 토론하였다.

여러 상황에 대한 토론이 있은 후, 목록에 기록된 요인들에 대한 집단의 발견을 하기 위해 한 가지씩 가지고 정리해 보았다.

4-3은 억울함이 가장 중요한 요인이라고 하며 부당함은 어느 정도 그냥 삭이고 넘어갈 수 있지만 그래서 만약 컨디션이 좋고 친구가 관련된 일이라면 부당한 일을 당했더라도 친구와의 관계를 생각해서 항의하지 않고 넘어갈 수 있지만(내 손해를 감수하고라도), 억울한 일은 상황을 설명하거나 어떻게든 오해를 풀어야 화가 풀릴 거라고 하였다.

4-2의 경우는 역시 억울함이 최고요인이라고 하며 부당함은 잘못에 대해 처벌 정도가 지나칠 때 그래서 화나는 경우에 든다고 하였다. 처벌하는 사람의 감정을 실어서 지나치게 화를 낼 때 화가 나는데 이것은 억울해서 나는 경우와는 좀 다른 것 같다고 하였다. 억울함은 내가 최선을 다 했는데 오해가 생겨서 참을 수 없을 때 화가 나는 요인이며 하기 싫은 일을 억지로 계속 시킬 때 머리가 아프고 화가 난다고 하였다. '부당'과 '억울'의 차이에 대해서는 4-3과 의견이 어느 정도 일치하는 모습을 보였다. 또 내 욕을 하는 것을 들을 때 무시당하고 비하되는 느낌이 화나게 만들지만 이건 그냥 참아낼 수 있고, 이렇게 하는 게 내가 원하는 결과(더 큰 싸움을 막거나 조용히 해결되는)를 얻을 수 있기 때문에 큰 요인에는 안 들어가는 것 같다고 하였다. 그리고 '내가 도움이 안 될 때'의 화는 그 상황이 당하는 사람에게 너무 부당하거나 도와줄 수 없어서 불쌍한 생각이 슬플 정도로 들면 화가 난다고 하였다.

　화내고 나서 공격행동으로 가는 것에 대한 토론에서는 두 사람 모두 '주체하지 못할 정도로 화가 나서' 위에서 얘기한 분노의 "모든" 요인이 다 플러스될 때 공격으로 가는데 이건 '압박감의 폭발' 같은 것으로 너무너무 화나면 주체할 수 없어서 모든 걸 포괄해서 폭발하는 것이 공격하는 것이라고 이야기하였다. 이때 어떤 생각과 느낌이 머리에 떠오르겠냐고 지도자가 물어보자 두 사람은 거의 비슷하게 '아무 생각도 안 떠오를 것'이고 '그냥 백지같이' 될 것이라고 이야기하였다. 그 폭발 직전에 어떨지 물어보자 누군가 나에게 말로 신체적으로 공격을 먼저 하면 '도저히 못 참아'라는 생각이 떠오른다고.

　다른 사람이 공격행위를 하는 걸 보면 만만해 보이는 상대가 자기를 만만하게 볼 때 기가 막히고 우스워서 화내지 않고도 공격하는 거 봤고, 그런 얘기는 친구들한테서 많이 들어봤다고 하였다. 두 사람은 공격까지 가게 하는 분노요인은 만만한 상대가 자기를 무시하거나 우리가 얘기한 분노유발요인에 평소에 쌓였던 감정들이 플러스되어 나온다고 의견의 일치를 보았다. 각자의 사례에서 스트레스 해소일 수 있고(물론 만만한 동생이거나 덩치가 비슷하거나 작은 친구에게), 자기과시를 위해, 상대에게 나도 이렇다는 걸 보여주기 위해 목숨을 걸고 덤비는 경우도 있다고 하였다.

　집단과정을 정리하면서 분노를 일으키는 필요요인에는 억울함과 부당함이 있고, 억울함에 들어갈 수 있는 충분요인에는 실망감과 섭섭함이 있는데 이 실망감과 섭섭함은 부당함에 들어가지 않고, 부당함의 충분요인에는 심리적이거나 신체적인 압박감이나 나쁜 컨디션이 들어간다고 하였다. 공격행위로 가는 요인에는 주체하지 못하는 폭발감정이, 이에 관한 충분요인에는 평소에 쌓였던 부정적인 생각과 감정들과 나에 대한 신체적/언어적 폭력이 가해질 때라고 결론을 지었다.

4회기(10. 10 토요일 11시 15분-12시)

3회기에 빠졌던 4-1 학생이 들어왔다. 왜 삐삐연락을 안 했느냐고 지도자에게 물어 보면서 지도자가 연락하면 사정을 이야기하려고 했다면서 미안해하였다(여자친구와 만났는데 그때 삐삐를 꺼놓은 것 같다고). 잠시 4-1의 여자친구 얘기를 하며 4-2와 4-3 모두 재미있어 하였다.

이 날은 중간고사를 시작한 지 이틀째인 날로 어제 보았던 시험과 오늘 본 시험 모두를 망쳤다는 얘기들을 하면서 기분이 쳐져 있었다.

간식은 나눈 후 사례를 제시하면서 우리가 지난 시간에 합의했던 분노요인과 공격행동으로 이끄는 요인에 대해 다같이 정리하였다.

마지막 시간에는 분노와 공격을 일으키는 요인들에 대해, 첫째 내가 아닌 다른 사람도 우리가 합의했던 요인들로 인해 분노와 공격을 일으킬 것인지에 관해서, 둘째 다른 사람이 그런 상황에 처해 있을 때 내가 화가 나는 요인은 무엇일까에 대해 정리해 보자고 하였다.

분노와 공격상황은 2회기와 3회기에 이야기되었던 사례들과 자신의 일상생활에서 있었던 일 그리고 **이라는 친구이야기나 텔레비전이나 신문 등에 보도된 사례들을 다시 정리하였는데 지난 시간에 정리했던 요인들에 대한 확인 수준의 대화가 오갔다.

4-1의 경우 어려운 개인적 사례를 내 주고 1회를 빠지긴 했어도 집단에 열의를 보여준 점에 감사한다고 하며, 나머지 두 명이 사례와 요인토론에 열심히 참여해 주어서 고맙고 이 집단이 좋은 경험이 되었기를 바란다는 감사의 말로 종결하였다. (소감문을 작성)

부록 5.

공동연구자의 소감문 요약

<u>자기이해에 도움이 되었다(9명):</u>

나에 대해 알게 되는 계기가 되었다. (1-1) 내가 화낸 이유를 정확히 알수 있었다. (1-2) 아, 내가 이래서 화가 났구나 …… 남과 나를 이해하는 데 많은 도움이 된 것 같다. (1-5) 황당했던 건 별 것도 아닌 일로 화를 내는 내 모습이었다. (1-6) 그냥 화를 내는 게 아니고 이런 요인들이 있구나 …… 나만 이런 걸 느끼는 게 아니고 모든 애들이 똑같이 느끼는 구나 …… 신기함을 느꼈다. (2-1) 분노에 대해 알 게 된 건 정말 좋은 경험이었다. (2-5) 분노에 대해 알게 되어 유익한 것 같았다. (3-7) 과거에 내가 화가 났었던 일들을 다시 돌아보게 하고 그때 화가 났던 것이 옳았던 것인가 다시 생각해 보게 된 계기가 되었다. 그리고 분노의 필요성 또한 잘 알게 되었다. (4-1) 나 혼자만의 생각 속에서 다른 사람의 생각과 처한 상황 등 내가 체험하지 못했던 다른 것을 체험하고 남을 이해할 수 있게 되었다. (4-3)

<u>분노를 다스리는 데 도움이 될 것이다(12명):</u>

화내는 요인을 알게 되었으니 다른 이를 화나게 하는 행동을 하지 않도록 주의할 수 있을 것 같고 …… 대인관계가 좋아질 것이다. (1-2) 화가 났을 때 취할 행동에 대해서 더 신중히 생각할 수 있던 기회였다. (1-3) 매사에 화를 내는 횟수가 줄어들었다 …… 분노하는 것을 자제하게 해준 것 같다. (1-4) 남과 나를 이해하는 데 많은 도움이 된 것 같다. (1-5) 난 이제

알 수 있을 것 같다. 나의 소중한 친구들을 어떻게 기쁘게 할 수 있을지. (1-6) 분노를 느낄 때 참을 수 있다는 것이 내가 커서도 많은 도움을 줄 것 같다. (2-1) 분노에 대해 얘기하면서 그 분노로 받았던 스트레스도 풀 수 있었다. (2-5) 내가 다른 아이들에게 무심코 한 행동이 그들에게 분노를 일으키게 할 수 있다는 점, 이제는 나도 다른 아이들에게 그러지 말아야 하겠다. 그리고 나도 분노를 다스릴 수 있다는 것을 느꼈다. (3-1) 우리가 일상생활에서 분노를 느낀 경우를 알아보고 그를 통해 분노를 다스릴 수도 있게 되었다. 친구들과 놀다가 화를 낼 때도 친구들이 장난으로 '너 분노하니'라고 물으면 참게 되었다. (3-4) 화를 낼 때 왜 화가 났는지, 어떻게 해야 할지 등을 생각하게 되었다. (3-6) 내가 좀 다혈질인데 그런 상황이 다시 오면 어떻게 대처해야 할지 알 것 같았다. (4-2) 유익했던 점은 나 자신이 화를 냈을 때의 상황을 다시 한번 돌이켜보면서 내가 잘못한 점을 찾았고 고칠 수 있었다는 것이다. (4-3)

<u>친구를 돕는 데 활용할 수 있을 것이다(2명)</u>:

분노에 대한 원인분석은 앞으로도 친구들과 함께 이야기해 보고 싶다. (1-1) 화를 잘 내는 친구에게 이 체험결과를 말해주면 도움이 될 수 있을 것 같아 기쁘다. (1-2)

<u>공동연구자로서의 경험이 좋았다(3명)</u>:

사람심리를 연구하는 게 무척이나 어렵고 특정한 사람만이 한다고 생각했는데 이제 보니 꼭 그런 것만은 아닌 것 같다. (1-5) 연구과정에 공동연구자가 되었다는 것에 자신감을 느낀다. (2-1) 이 모임에 참여한 것을 자랑스럽게 생각한다. (2-3)

<u>또래들과의 교류에 대한 만족감(10명)</u> :

아이들과 선생님과 솔직한 얘기를 하면서 울고 웃고 한 것이 정말 내 기
억, 추억에 평생 남고 …… (2-1) 부담 없이 내 경험을 얘기하는 시간이 제
일 좋았다. (2-2) 화냈던 것에 대한 얘기를 하고 다시 한번 생각하게 되어
좋았다. (2-3) 토론을 통해서 다른 사람의 의견을 알고 내 의견을 마음대로
발표하는 것이 좋았다. (3-2) 이번 일을 계기로 친구들과 더 친해진 것 같
다. (3-3) 친구들과 함께 얘기할 수 있는 시간이 되어서 좋았고 앞으로 이
런 모임이 있으면 더 열심히 하겠다. (3-4) 친구들과 자기경험을 교환하고
자유롭게 토론하는 점에서 재미있었다. (3-6) 공감할 수 있는 친구들과 함
께 고민과 분노를 같이 할 수 있어서 좋았고 어려웠던 일들의 해답을 찾을
수 있어서 좋았다. (4-1) 자유스러운 분위기에서 분노에 관련된 얘기를 할
수 있어서 좋았다. (4-2) 새로운 친구를 알게 되어서 기쁘다. (4-3)

<u>분노체험수집과정이 어려웠다(12명)</u> :

사례를 쓰는 게 너무 어렵고 힘들었다. (1-1) 화났던 일을 잊어버리지 않
고 쓴다는 게 어려웠다. (1-2) 분노체험기록이 너무 어렵고 내가 느낀 그대
로의 것을 표현하기가 어려웠다. (1-3) 처음에 …… "화"라는 복잡미묘한
것을 어찌 다 글로 표현하느냐 하는 것 정말 힘들었다. (1-4) 분노체험을
쓰는 게 …… 말처럼 쉽지 않았다. (1-5) 분노체험이란 걸 쓰라니. 화나는
것도 열 받는데 글을 쓰라니 정말 황당했다. (1-6) 내 생각을 어떤 말로 표
현해야 할지 몰랐던 것이 너무 안타까웠다. (2-4) 분노가 일어난 상황에서
여러 가지 느낌, 심리상태를 찾아내는 과정이 좀 어려웠지만, (2-5) 처음이
라 분노일지 쓰는 게 힘들었다. (3-2) 별로 화나는 일이 없는데 숙제를 할
때 어려웠다. (3-4) 별로 분노한 적이 없어서 쓰기 힘들었다. (3-5) 화를
낸 점을 글로 표현하는 것이 좀 어려웠다. (3-7)

<u>기타(2명):</u>

다른 밝고 재미있는 소재로 토론해 봤으면 …… (3-3) 기쁨이나 슬픔에 대해서 했으면 좋겠다. (3-5) 성차별 없이 같이 연구하는 것을 보완했으면 한다. (4-3).

• 저자 •

이규미   • 약 력 •

이화여자대학교/대학원 심리학과 졸업 (문학박사, Ph.D)

한국상담심리학회 회장
한국청소년상담원 이사
발달지원학회 부회장
청소년폭력예방재단 이사
가족복지학회 이사
여성심리학회 이사
학교심리학회 이사, 편집위원
서울특별시 청소년위원회 위원
서울가정법원 가사조정위원
서울특별시청소년종합상담실 실장 역임

상담심리사 1급 (한국상담심리학회)
청소년상담사 1급 (문화관광부)
모래놀이치료전문가 (발달지원학회)

• 주요논저 •

「청소년상담의 이론정립과 연구과제」
「청소년의 분노와 분노처리과정에서의 공격행동에 관한 체험 분석」
「중, 고등학교 교사가 지각한 학교부적응 행동지표」
「중학생의 학교적응구성개념」
『부모가 욕심을 버리면 자녀는 행복해 집니다』
『청소년 상담과정과 기법』
『아동 및 청소년상담』
『학교폭력 예방과 상담』
외 다수

청소년의 분노와 분노처리과정에서의 공격행동에 관한 체험분석

• 초판 인쇄	2006년 9월 15일
• 초판 발행	2006년 9월 15일
• 지 은 이	이규미
• 펴 낸 이	채종준
• 펴 낸 곳	한국학술정보(주)
	경기도 파주시 교하읍 문발리 526-2
	파주출판문화정보산업단지
	전화 031) 908-3181(대표) · 팩스 031) 908-3189
	홈페이지 http://www.kstudy.com
	e-mail(e-Book사업부) ebook@kstudy.com
• 등 록	제일산-115호(2000. 6. 19)
• 가 격	13,000원

ISBN　89-534-5656-8 93180 (Paper Book)
　　　　89-534-5657-6 98180 (e-Book)